그랜드 캐니언
정말 노아 홍수 때 생겼을까?

KB191548

그랜드
캐니언
정말 노아 홍수 때
생겼을까?

지은이	양승훈
펴낸이	김혜정
기획위원	김건주
디자인	홍시 송민기
마케팅	윤여근, 정은희
제작	조정규
초판	1쇄 인쇄 2018년 03월 15일
	1쇄 발행 2018년 03월 23일
펴낸곳	도서출판 CUP
출판신고	제 2017-000056호 (2001.06.21.)
주소	(04549) 서울특별시 중구 을지로 148, 803호 (을지로3가, 중앙데코플라자)
전화	02) 745-7231
팩스	02) 6455-3114
이메일	cupmanse@gmail.com
홈페이지	www.cupbooks.com

Copyright © 2018 by 양승훈

신저작권법에 의하여 한국 내에서 보호를 받는 저작물이므로 무단 전재와 무단 복제를 금합니다.

ISBN   978-89-88042-89-2 03230 Printed in Korea

* 파손된 책은 구입하신 서점에서 교환해 드리며 책값은 뒤표지에 있습니다.

그랜드 캐니언
정말 노아 홍수 때 생겼을까?

양승훈 지음

CUP

출처 : https://www.brainyquote.com/quotes/john_wesley_
powell_187489?src=t_grand_canyon
존 웨슬리 포웰(John Wesley Powell)은 그랜드 캐니언의 첫 탐험가이다.

"그랜드 캐니언의 경이로움은

언어적 상징이나 언어 그 자체로는 충분히 표현할 수가 없다."

The wonders of the Grand Canyon
cannot be adequately represented in symbols of speech,
nor by speech itself.

— 포월 John Wesley Powell —

차례

추천사_ 이문원 **12**

저자 서문 **15**

서평 **18**

**그랜드
캐니언
지질학
1**

캐니언 개관 **29**

캐니언 지층 **33**

캐니언 연대 **39**

캐니언 역사 **43**

캐니언 형성 **50**

젊은 지구론과 대홍수론 **54**

그랜드 캐니언이 대홍수로 생기지 않은 증거들 2

콜로라도강의 사행 63

글렌 캐니언의 우각호 69

그랜드 캐니언의 비대칭 횡단면 78

그랜드 캐니언의 두꺼운 퇴적층 84

본류와 수직으로 만나는 지류들 89

풍성층의 존재 93

그랜드 캐니언의 독특성 101

그러므로 그랜드 캐니언은... 105

대홍수 흔적이 없는 그랜드 캐니언 3

거대 물결자국이 없음 115

유선형 잔류도가 없음 118

거대 표석이 없음 120

거대 포트홀이 없음 122

미졸라 빙하 홍수 지역과 다름 126

그 외의 증거들은... 130

**수로 형성
모 델 과
테 스 트
사 이 트**

4

캐나다 공룡주립공원 **139**

그랜드 캐니언의 수로 해석 **146**

1 본류와 지류가 만나는 각도 **148**

2 지류와 지지류가 만나는 각도 **150**

3 지지류와 지지지류가 만나는 각도 **153**

4 본류와 역방향으로 흐르는 지류 **155**

화산에서 볼 수 있는 침식 수로 **157**

1 화산은 그랜드 캐니언과 다름 **157**

2 화산 폭발과 수로 형성 **163**

테스트 사이트들의 침식 패턴 **167**

화성 연구도 대홍수론 부정 **173**

타이탄 표면에서도... **175**

수로 형성 모델에 의하면... **178**

**대홍수론자들에
대 한 답 변**

5

과거의 그랜드 캐니언은 지금과 달랐다 **185**

창조과학자들도 부정하는 이론 **191**

1 수증기층 이론 **193**

2 격변적 판구조론 **194**

그랜드 캐니언에 테일러스가 없다고? **197**

쉐퍼드 논문이 대홍수론을 지지한다고? **202**

예의를 갖추고 전문가들을 설득해 보라 **208**

마치면서

6

그랜드 캐니언은

노아 홍수때 만들어지지 않았다 **213**

부 록 1

그 랜 드
캐 니 언 과
인 근
탐 사

하루 탐사 226

이틀 탐사 240

사흘 이상 탐사 248

부 록 2

대 홍 수 론 의
덫 에 빠 지 는
이 유

근본주의 신학의 문제 263

성경이 과학교과서라고? 266

진리로 인한 고난이라고? 271

아전인수격 문헌 사용 275

부 록 3

대홍수론자들의
빙하기 해석의
문 제

물리학적 상식과 충돌한다 281

젊은 지구론도 설명할 수 없다 282

해수면의 변화는? 284

빙하 코어 연구는? 286

지각평형설 연구는? 288

빙하기가 한 번 뿐이었다고? 290

1 유공충의 변화 290

2 산소 동위 원소 비율 변화 291

3 지형적인 증거 292

논의를 종합하면... 296

저자 후기 298

내용 색인 301

인명 색인 315

추
천
사

∴

이문원 강원대학교 지구과학교육과(지질학 전공) 명예교수

저자 양승훈 교수님은 한때 국내에서 열정적으로 창조과학 보급에 앞장
섰던 분입니다. 그래서 이로 인해 국내 여러 과학자에게 많은 비판을 받았습
니다. 그런데 아이러니하게도 저자는 전공을 물리학에서 창조과학으로 바
꾼 후 창조과학의 심각한 오류와 문제점들을 알게 되었습니다. 참으로 다행
스러운 일이 아닐 수 없습니다.

본서는 겉으로는 그랜드 캐니언에 대한 대홍수론적 해석의 문제점을 지
적한 것이지만 내면적으로는 저자가 한때 창조과학 운동의 전면에서 활동
했던 것을 돌이켜 보면서 자신의 그릇된 판단이 한국 교회에 미친 영향을 격
정하는 글입니다. 저자는 아직도 많은 교회가 창조과학에 경도되어 있는 것
에 대하여 자신에게도 책임이 있음을 고백하며, 본서에서 그 피해를 걱정하
는 절박한 심정을 토로하고 있습니다.

저는 그리스도인 지질학자로서 성령의 감동으로 기록된 성경과 하나님
이 만드신 창조 세계를 통해 하나님이 자신을 드러내신다고 믿습니다. 성경
에 나타난 하나님은 신학자나 성경학자들의 연구를 통해 우리에게 더 잘 알
려질 것이지만 창조 세계를 통한 계시는 전문 과학자들의 연구를 통해 드러

날 것입니다. 이 세상에서 하나님의 창조를 증거하는 것들이 수없이 많지만 그중에서도 그랜드 캐니언은 하나님이 지으신 지구의 역사를 연구할 수 있는 가장 귀중한 조건을 가진 곳입니다.

그랜드 캐니언에는 지구 행성이 오랜 세월 동안 겪었던 역사가 그대로 보존되어 있습니다. 그래서 오랫동안 지질학자들이 그랜드 캐니언의 지질과 지형, 기원과 형성과정에 대해서 많은 연구를 했습니다. 물론 아직도 그랜드 캐니언의 형성에 대해서는 설명되지 않은 부분이 있습니다. 하지만 이제는 웅장하고 아름다운 그랜드 캐니언에 관한 많은 신비가 속속 밝혀지고 있습니다.

저자는 본서에서 지질학자들이 오랜 세월에 걸쳐 연구한 내용을 잘 정리하고 있습니다. 또한, 저자는 지난 20여 년 이상 직접 그랜드 캐니언을 여러 차례 탐사한 결과를 토대로 자신의 다중격변 모델을 설득력 있게 제시하고 있습니다. 저는 본서가 지질학자들은 물론 일반인들이 그랜드 캐니언을 이해하고 나아가 창조 세계의 변천사를 이해하는 데 큰 도움이 될 것으로 생각합니다.

저자는 본서에서 단지 그랜드 캐니언의 지질 및 지형적 특징을 소개하는 것에만 그치지 않습니다. 본서는 그랜드 캐니언에 대한 잘못된 주장, 특히 한국 교회에 널리 퍼져있는 창조과학자들의 대홍수론, 즉 그랜드 캐니언이 지금부터 4,400여 년 전에 일어나서 1년 미만 지속된 노아 홍수로 형성되었다는 주장을 조목조목 날카롭게 비판하고 있습니다. 노아 홍수는 성경에 기록된 역사적 사실이지만, 창조과학자들의 대홍수론은 노아 홍수에 대한 이데올로기화 된 하나의 해석에 불과하다고 비판하고 있습니다.

저는 오랜 세월을 지질학자로 살아왔습니다. 그러면서 동시에 성경을 믿는 그리스도인으로서 천지만물을 지으신 창조주 하나님과 하나님의 아들이자 우리 죄를 위해 세상에 오신 예수님, 그리고 오순절 성령강림을 통해 우리와 함께, 그리고 우리 속에 내주하시는 성령을 믿습니다. 하지만 한 번의 노아 홍수로 그랜드 캐니언이 만들어졌다는 주장은 성경이 제시하는 바가 아니라고 생각합니다.

끝으로 본서는 일반인들이나 목회자들, 나아가 신학자들까지 대홍수론 주장이 어떻게 성경을 편향되게 해석한 것인지를 이해하는데 도움이 될 것이라 생각합니다. 저는 본서가 창조과학자들의 대홍수론 혹은 단일격변설을 비판 없이 받아들이고 있는 한국의 많은 교회가 그릇된 성경관에서 돌이켜 하나님의 창조 세계를 바르게 이해하는 데 큰 역할을 할 수 있으리라 생각합니다. 하나님의 창조 세계를 바르게 이해하는데 관심 있는 모든 분, 그 중에서도 특히 그랜드 캐니언을 방문할 기회가 있는 모든 분은 여행을 떠나기 전에 반드시 본서를 정독하기를 추천합니다.

본서는 그랜드 캐니언에 대한 소개와 더불어 창조과학자들의 대홍수론적 해석의 문제점을 지적한 글입니다. 창세기에 나타난 노아 홍수 자체를 비판한 것이 아닙니다. 노아 홍수에 대한 편향되거나 잘못된 해석, 특히 그랜드 캐니언이 노아 홍수의 증거인 것처럼 주장하는 몇몇 성경문자주의자들의 주장의 문제점들을 지적한 것입니다.

성경은 그랜드 캐니언의 형성에 대해 아무런 얘기도 하지 않습니다. 그런데 대홍수론자들은 마치 성경이 그랜드 캐니언이 노아 홍수 때 생겼다는 주장을 지지하는 듯 선전하고 있습니다. 이에 대해 전문 지질학자들은 물론 복음주의 지질학자들은 터무니없는 주장이라고 비판합니다.

본서는 그랜드 캐니언에 대한 대홍수론적 해석의 밑바닥에는 창조과학자들의 근본주의 신학과 치우친 성경 해석이 있음을 지적합니다. 나아가 많은 전문 지질학자들의 성실한 연구를 폄하하면서 학술 활동이 아닌, 대중강연에만 열을 올리고 있는 대홍수론자들의 전투적이고 공격적인 태도의 문제점을 지적합니다.

본서에서는 먼저 그랜드 캐니언에 대한 간단한 지질학적 개관을 한 후 그랜드 캐니언이 대홍수에 의해 형성된 것이 아님을 보여주는 증거들을 제시하고, 이어 다른 지역의 간접적인 증거들을 제시했습니다. 홍적세(洪積世, Pleistocene) 말기 대규모 빙하 홍수가 일어났던 워싱턴주 컬럼비아 계곡(Columbia Valley), 워싱턴주에 있으면서 1980년에 분화한 세인트 헬렌즈 화산(Mount St. Helens), 동아프리카 지구대(地溝帶)(East Africa Great Rift Valley)의 침식 사이트, 과거 물이 많이 흘렀던 흔적이 남아 있는 화성이나 토성의 위성 타이탄의 표면 등입니다.

부록에서는 그랜드 캐니언을 방문하는 분들에게 다소나마 도움이 될 수 있는 몇 가지 탐사 팁과 더불어 대홍수론이 갖는 몇 가지 중요한 문제점을 제시했습니다. 실제로 그랜드 캐니언을 방문할 기회가 있거나 대홍수론에 대해 좀 더 알기를 원하는 분들은 부록을 참고하시기 바랍니다.

본서를 준비하기 위해 문헌연구와 더불어 여러 차례 그랜드 캐니언과 그 인근 지역을 다녀왔습니다. 오래전에는 미국 창조과학연구소(ICR) 탐사팀과 더불어 콜로라도강까지 내려가서 래프팅하기도 하고 헬리콥터를 타기도 했습니다. 또한 원고를 마감하기 전 2017년 6월 4~9일에도 다시 한번 그랜드 캐니언과 그 인근 지역을 둘러보았습니다. 그때는 캐니언 랜드 전체 그림을 그리기 위해 그랜드 캐니언 남쪽림과 북쪽림은 물론 콜로라도강 상류인 유타주 구스넥스 전망대(Goosenecks Point)에서 케이납 크릭(Kanab Creek), 리스 페리(Lee's Ferry), 하류인 왈라파이 부족(Hualapai Nation) 보호구역 내의 다이아몬드 크릭(Diamond Creek)에 이르기까지 4,000km를 자동차로 둘러보았습니다. 이제 부족하지만, 그간의 여러 "미시적인" 탐사에서 모은 "퍼즐" 조각들을 하나의 그림으로 만들어 보았습니다.

부족한 글에 대해 코멘트와 더불어 추천사를 써 주신 강원대 지구과학교육과 명예교수이자 원로 지질학자인 이문원 교수님께 감사드립니다. 지난 2016년 2월, 원로 기독 교수들의 모임인 이수포럼에 발제자로 갔다가 이 교수님을 처음 뵈었는데, 그랜드 캐니언이 노아 홍수 때 만들어졌다는 창조과학자들의 주장을 염려하는 분입니다.

또한, 본서의 원고 교정에 참여해 준 몇몇 분들께도 감사드립니다. 먼저 필자와 의견이 다르면서도 성실하게 원고를 읽고 코멘트 해준 삼육대 최종걸 교수님, 제자이자 죠이선교회 학원사역부 디렉터인 박기모 목사님, VIEW 졸업생 신동헌 전도사님, 이비인후과 의사이자 VIEW에 재학 중인 제자 최동진 집사님, 아름드리교회 허지욱 목사님, 그 외 여러 무명의 수고 자들께 감사드립니다. 또한, 2017년 6월 그랜드 캐니언 탐사에 조수로 자원 봉사한 쥬빌리 채플의 황재훈 집사님, 캐나다 공룡주립공원 답사에 동행한 제자이자 캘거리 에어드리 한인교회를 담임하는 조성호 목사님, 본 연구의 데이터 플로팅을 도와준 VIEW 미디어기획실장 유승훈 박사님께 감사드립니다. 이렇게 여러 분들이 본서를 위해 많은 수고를 해주셨지만, 본서의 미비한 점은 전적으로 필자의 천학단재(淺學短才)로 인한 것이니 궁금한 점이나 의문점은 필자에게 직접 연락해 주시기 바랍니다.

아무쪼록 부족한 책이지만 본서가 독자들로 하여금 그랜드 캐니언을 바르게 이해하게 하는 것은 물론 기독교와 과학의 관계를 바르게 정립하고, 나아가 하나님의 지구경영의 한 패턴을 이해하고 바른 성경관을 확립하는데 도움이 되기를 바랍니다. 특히 그랜드 캐니언을 방문했거나 앞으로 방문할 기회가 있는 모든 분에게 유익한 필드 가이드가 되기를 기대합니다. 본서가 하나님의 창조에 관심이 있는 그리스도인들, 신학생들, 목회자들, 신학자들, 학생들, 나아가 모든 사람을 "옳은 데로 돌아오게" 하는 데 작게나마 기여하기를 기대하면서...

VIEW 연구실에서

저자

그랜드 캐니언에 대한
오해를 이해로!

갈릴레오를 비롯해서, 르네상스로부터 19세기까지의 초기 과학자들이
하나님이 지구를 어떻게 창조했는지를 증명하기 위해서,
특히 새롭게 습득한 관찰 기술과 과학적 추론을 사용하려고 애쓴 것을
기억할 필요가 있다. 그들은 성경을 뒤엎거나 지배하려 하지 않았다.

《그랜드 캐니언, 오래된 지구의 기념비》 중에서

김준재 목사, 전 SFC 간사

이 책은 크게 두 가지 목적을 가지고 있다. 그랜드 캐니언을 일반인들에게 소개하는 안내서이면서 더불어 창조과학자들의 대홍수론적 해석의 문제점을 지적하는 비평서다. 그렇다고 그랜드 캐니언에 대한 이야기만 나오는 건 아니다. 책을 따라가다 보면 독자들은 미국 워싱턴주에 자리잡은 컬럼비아 계곡이나 1980년에 분화했던 헬렌즈 화산을 탐구하게 된다. 그뿐 아니라 지구의 경계를 넘어 화성이나 토성의 위성인 타이탄을 경험할 수 있다. 또한, 일반인들에게 알려지지 않은 여러 탐사지역을 부록을 통해 소개하고 있다.

이 책의 부록을 읽으면서, 지난 봄 아무런 준비 없이 그랜드 캐니언을 방문했던 필자의 무모함이 떠올랐다. 협곡의 웅장함과 아름다움에 매료되었지만, 같이 갔던 자녀들에게 특별히 해줄 설명이 없었기 때문이다. 책의 설명을 따라 협곡의 사진과 기억을 더듬어 보지만 놓친 곳이 너무 많았다. 아는 만큼 보인다더니, 다시 협곡을 방문해 보고 싶은 마음이 생겼다. 그뿐만 아니라, 지질학 지식과 정보를 얻는 것이 하나님께서 만드신 세상을 이해하고 알아가는 좋은 지침이 된다는 사실도 깨달았다.

이 책은 많은 사진과 자료들을 통해 독자들의 이해를 돕고, 또한 논쟁에 필요한 배경 지식을 상세하게 다루고 있기에 가정이나 교회에서 교육 자료로 활용하기에 적합하다. 성경을 마치 지질학 교과서인 것처럼 착각하는 잘못된 성경관을 바로잡고, 왜곡된 과학과 신앙의 관계를 개선하는데 보탬이 되는 책이라 할 수 있다. 무엇보다 그랜드 캐니언을 방문할 계획을 세운 사람들에게는 필독서다.

김철희, IVF 간사

　저자는 창조과학자들의 대홍수론 해석의 문제점을 인식하고, 잘못된 해석에서 파생되는 부정적 영향으로부터 버팀목 역할을 할 책의 필요를 느껴 본서를 집필했다. 한국 교회에서 그랜드 캐니언은 꽤 오랜 시간 동안 창조과학, 젊은 지구론, 대홍수론 해석을 지지해 주는 탐사 여행의 성지 역할을 해왔다. 비과학적 주장과 비성경적 해석에 기초한 그랜드 캐니언 탐사 여행은 창조과학을 지지하는 열심당원 양성소라 해도 과언이 아닐 것이다. 복음주의를 표방하는 대형 교회 지도자들도 그랜드 캐니언 탐사 여행을 통해 창조과학을 홍보하고, 교인들과 다음 세대 자녀들에게도 권유하여 반지성주의의 광풍을 부추기는 형국이다. 저자는 교회의 핵심적인 지도자들, 특히 다음 세대 자녀들이 이러한 영향에 방치되는 것을 두고만 볼 수 없다는 우려와 소박한 기대 속에 이 책을 썼다.

　저자의 논리 전개는 표면적으로는 학문적 날줄을 세우고 있지만, 학문적 날줄 사이를 한 올 한 올 교차하는 신앙적 씨줄을 첨가하여 독자들의 통합적 이해를 돕는다. 학문과 신앙의 논리적 관계를 팽팽하게 유지하면서 본서를 저술한 흔적이 곳곳에 역력하다. 그러하기에, 독자들은 지질학 전문가가 아니라도 전문 영역에 대한 신앙적 해석의 틀을 배울 수 있고, 신앙적 접근이 과학 영역에 대한 맹목적 추종이나 상식적 소양을 배제하지 않는다는 사실도 발견할 수 있다. 본서를 읽는 내내, 한 과학자의 진리를 위한 싸움에 대해 생각하게 되었다. 학문과 신앙의 팽팽한 긴장 속에서 섣부른 확신 대신에 학자적 겸손과 성실을 묵묵히 추구한다는 것이 세상으로부터, 심지어 교회로부터도 환영 받지 못하는 경계인의 여정임을 새삼 느끼게 되었다. 내용을 조목조목 반박하면서도 낯선 비판이 되지 않게 하려는 목회적 글쓰기와 비과학적 주장에도 세밀한 답변을 통해 이해를 도우려는 학자적 양심의 글쓰기가 독자들의 통합적 지식 형성에 큰 도움이 되리라 생각한다.

박수현 목사

그랜드 캐니언(Grand Canyon)은 콜로라도 고원(Colorado Plateau)을 가로지르는 거대한 협곡이며, 고원의 넓이가 한반도의 1.5배 정도인 33만 7천 km^2에 이른다. 지질학적으로 콜로라도 고원이 융기하면서 콜로라도강과 지류들이 깎아 낸 지층은 원생대와 고생대를 포함하여 18억년 이상의 오랜 세월의 지층을 드러내고 있다.

그런데 대홍수론에서는 그랜드 캐니언이 노아홍수 때 물러가는 물에 의해 불과 몇 달 만에 갑자기 만들어졌다고 주장한다. 과연 1년 미만의 홍수에 의해 1km 내외에 이르는 두꺼운 지층이 퇴적되고, 이어 1.6km 이상 침식되는 일을, 노아 홍수에 대한 믿음 때문에 아무런 의심이나 논리적 설명도 없이도 받아들여야 하는가? 이런 질문을 필두로 창조과학의 핵심 주장인 대홍수론의 허점을 조목조목 파고든 책이다.

왜 그랜드 캐니언에 대한 대홍수론적 해석이 분명하게 틀린 것으로 여러 자료와 연구 결과들이 보여주는데도 불구하고 많은 사람들이 6,000년 젊은 지구론과 대홍수론에 사로잡혀 있을 수 있는가? 저자는 이에 대해 기본적인 지질학을 비롯한 기초과학에 대한 소양이 부족한 때문이기도 하지만, 그보다 더 근원적인 문제는 성경이 현대 과학과 일치한다고 생각하는 잘못된 성경관 때문임을 지적한다. 인간을 구원하시려는 하나님의 계시를 담고 있는 책을 과학책으로 착각했기 때문이라는 설명이다.

한국 교회가 반지성주의 광풍에 휩싸여 기독교를 비판하고 떠나는 그리스도인들이 없기를 바라는 저자의 마음에 공감해 본다.

유재일 목사

창조과학이 한국에 들어온 지도 이제 역사가 상당히 깊어졌다. 현재 한국 교회의 일선에서 일하는 목회자들은 신학교 시절부터 목회 현장의 어른이 되기까지 창조과학을 배우고 믿고 가르쳐 왔다. 다른 말로 한국 교회 목회자의 한 세대 이상이 창조과학의 영향을 깊이 받았다는 것이다. 본서의 저자인 양승훈 교수도 이러한 성과에 공이 있다. 그런 저자가 창조론을 더 깊이 연구하게 되면서 창조과학의 논지가 오류가 많다는 것을 발견하게 되었다.

이 책에서 저자가 설명하듯이 그랜드 캐니언에는 거대 홍수의 흔적이 없다. 또 그랜드 캐니언을 형성할 정도의 전 지구적인 홍수가 쓸어온 거대 표지석도 없다. 그랜드 캐니언이 단일격변으로 형성되지 않았다는 학문적 연구와 증거는 많다. 그럼에도 불구하고 한국 교회에는 그랜드 캐니언과 같은 장엄한 지형이 초자연적인 힘으로 단번에 만들어져야 창조주로서의 하나님의 권위가 선다는 믿음이 있는 듯하다. 그러나 이 책은 그것은 믿음이 아니라 이데올로기라고 말한다.

현재의 창조과학은 자신들이 비판하던 진화론처럼 하나의 이데올로기가 되어 한국 교회에 부정적인 영향을 끼치고 있다. 고등교육을 받은 교인들은 자신들이 배웠던 과학적 상식이 교회에서 가르치는 내용과 충돌하기 때문에 딜레마에 빠지게 되었고 거기에 대한 궁금증을 품는 것조차도 금기시 되었다. 이러한 딜레마는 평신도 뿐 아니라 목회자들에게도 마찬가지이다.

이 책은 하나님의 창조에 대해 조금 더 객관적이고 자신 있는 견해를 가지게 한다. 한 견해가 아니더라도 적어도 열린 마음으로 여러 가지 과학적 연구들 앞에 여유를 가질 수 있게 해 준다. 개인적으로도 본서를 통해 창조에 대해 정리되지 않아 혼란스러웠던 생각들을 정리하고 덮어두고 타인과 본인에게 믿음을 요구하던 태도에서 벗어 날 수 있게 되었다. 양승훈 교수의 학자적 양심과 그것을 실천하는 용기에 감사를 드린다.

최동진 이비인후과 의사

저자는 한때 자신이 창조과학에 경도되어 많은 한국 교회에 부정적 영향을 미쳤던 것에 대한 책임을 느끼고 있다. 그렇기에 창조과학자들의 대홍수 이론이 노아 홍수에 대한 이데올로기화 된 해석에 불과하다는 근거들을 나열하며 강한 어조로 반박한다. 그러나 한편으로는 성경 무오에 대한 지나친 확신과 열심이 반지성주의와 결탁하여 하나님의 창조 섭리를 올바르게 보지 못하는 그들을 향한 연민과 사랑의 언어를 담고 있다.

책의 내용은 우선 그랜드 캐니언의 지질학적 접근으로 시작한다. 필자처럼 지질학에 대해 무지한 독자라 할지라도 쉽게 이해할 수 있도록 그랜드 캐니언의 지층과 역사 및 형성 과정을 쉽지만 전문적인 수준으로 전달한다. 본론으로 들어서면, 창조과학자들이 주장하는 그랜드 캐니언이 대홍수로 생겼다는 터무니없는 주장에 반박하는 증거들을 열거한다. 구체적인 증거로 캐니언의 바닥을 이루는 콜로라도강의 사행천 형성과 우각호 및 퇴적층 등 지질학적 혹은 화석학적 증거들을 제시한다. 조금 더 구체적으로 그랜드 캐니언에 대홍수의 흔적이 없다는 증거로 제시한 거대 물결자국이나 유선형 잔류도 혹은 거대 표석의 부재 등은 기독교 신앙의 유무를 떠나서 일반적 상식이 있는 사람이라면 누구나 쉽게 이해하고 고개를 끄덕일 수밖에 없는 명확한 증거들이다.

필자는 가까운 시일에 그랜드 캐니언을 다시 여행할 계획을 세우고 있는데 이 책의 부록으로 실린 〈그랜드 캐니언과 인근 탐사〉가 좋은 가이드가 될 수 있을 것 같다. 여행 기간에 따라 일정을 짤 수 있도록 관람 포인트에 대한 구체적 도움을 줄 뿐 아니라, 책의 내용들을 숙지하고 각각의 포인트에서 그랜드 캐니언의 지질학적 특성을 찾아볼 수 있도록 친절한 설명을 포함하고 있다. 이 책과 함께 그랜드 캐니언을 따라 하나님의 창조 흔적을 찾아보며 감격할 것을 생각하니 벌써부터 기대감에 흥분을 감출 수 없다.

1 그랜드 캐니언 지질학

미국 애리조나주에 있는 그랜드 캐니언(Grand Canyon)은 미국에서 가장 규모가 크고(4,926㎢), 웅장한 계곡과 더불어 신비로운 기암절벽으로 인해 수많은 사람이 방문하는(2016년 기준으로 600만 명) 국립공원이다. 그랜드 캐니언은 뛰어난 자연경관과 더불어 지질학적으로도 매우 중요한 의미가 있어서 전 세계에서 수많은 지질학자가 연구를 위해 탐사하러 오는 곳이기도 하다.

흥미롭게도 근래에는 그랜드 캐니언에 창조과학 탐사를 다녀오는 분들이 많다. 미국 창조과학자들 사이에서는 오래전부터 그랜드 캐니언 창조과학 탐사가 이루어지고 있었다. 지난 10여 년 동안에는 한국에서도 창조과학 탐사라는 이름으로 그랜드 캐니언을 다녀오는 사람들이 늘고 있다. 형편이 된다면 가능한 한 많은 사람이 그랜드 캐니언을 방문해 하나님의 창조 섭리, 내지 하나님의 지구경영의 한 단면을 경험하는 것은 귀한 일이다.

문제는 창조과학 탐사를 인도하는 가이드들이 그랜드 캐니언에 대한 전문 학자들의 연구 결과와는 전혀 다른 주장을 "성경적"이라고 주장한다는 점이다. 이들은 그랜드 캐니언이 창세기 7~8장에 기록된 노아 홍수 때 형성되었으며, 그랜드 캐니언은 젊은 지구의 증거라고 주장한다. 그래서 창조과학자들은 대홍수론자들이라고도 불리며, 젊은 지구론자들이라고도 불린다. 과연 그랜드 캐니언이 이들의 주장처럼 1년 미만 지속된 노아 홍수 때 급격하게 1,000m 정도의 지층이 퇴적되었다가 급격하게 1,600m 깊이까지 침식되어 형성된 것일까?[2]

---

2 대홍수론자들은 10개월 반 동안 진행된 노아홍수 기간, 그 중에서도 말기에 그랜드 캐니언이 형성되었다고 주장한다.

캐니언 개관

그랜드 캐니언은 콜로라도 고원(Colorado Plateau)을 가로지르는 거대한 협곡이며, 그 아래에는 콜로라도강과 지류들이 흐른다. 그림 1과 같이 콜로라도 고원은 미국 남서부에 있는 고원으로서 콜로라도주 서부뿐 아니라 뉴멕시코주 북서부, 유타주 남동부, 애리조나주 북부에 걸쳐있다. 고원의 넓이가 한반도의 1.5배 정도인 33만 7천 km^2에 이른다.

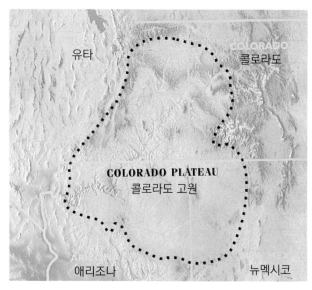

┃ 그림 1 / 미국 남서부 4개 주에 걸쳐있는 콜로라도 고원

█ 그림 2 / 미국 남서부 애리조나주에 있는 그랜드 캐니언과[4] 그랜드 스테어케이스[5] 지층

    그랜드 캐니언은 미국 애리조나주를 흐르는 콜로라도강과 여러 지류가 콜로라도 고원을 침식시켜서 만든 깊은 협곡이다. 그랜드 캐니언은 길이가 446km(277mile), 폭은 6.4~29.0km(4~18mile), 가장 깊은 곳은 1,857m에 이르는 거대 협곡으로서 바닥은 해발 800m(2,600ft)이다. 지질학적으로 콜로라도 고원이 융기하면서 콜로라도강과 지류들이 깎아 낸 지층은 원생대(原生代, Proterozoic Era)와 고생대(古生代, Paleozoic Era)를 포함하여 18억 년 이상의 오랜 세월의 지층을 드러내고 있다.[3]

    그림 2에서 보는 것처럼 그랜드 캐니언은 그랜드 스테어케이스(Grand Staircase)에서 가장 깊은 협곡이며, 중생대(中生代, Mesozoic Era) 지층으로 이루어진 자이온 캐니언(Zion Canyon), 백악기 후기 지층으로부터 신생대(新生代, Cenozoic era) 지층으로 이루어진 브라이스 캐니

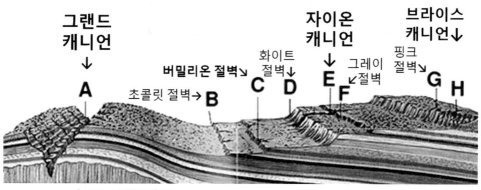

그랜드
캐니언
↓
A

초콜릿 절벽→ **B**

버밀리온 절벽↘

화이트
절벽↓
C **D**

자이온
캐니언
↓
E

그레이
↙절벽
F

브라이스
캐니언↓

핑크
절벽↘
G **H**

▌ 그랜드 스테어케이스[5] 지층

---

3 E.P. Kiver and D.V. Harris, *Geology of US Parklands* (Wiley, 1999). p.902.

4 "Grand Canyon Panorama 2013.jpg" from Wikimedia Commons.

5 https://commons.wikimedia.org/wiki/File:Grand_Staircase.jpg

6 "Kali Gandaki Gorge" in Wiki

언(Bryce Canyon) 등과 더불어 미국 남서부 캐니언 랜드의 중심을 이루고 있다.

그랜드 캐니언이 지구상에서 가장 깊은 협곡은 아니다. 인도와 유라시아 대륙의 충돌로 만들어진 히말라야의 칼리 간다키 계곡(Kali Gandaki Gorge)은 그랜드 캐니언보다 훨씬 더 높고 깊다. 알려진 바로는 칼리 간다키 계곡은 계곡 바닥이 해발 2,520m에 이르며, 계곡 깊이도 그랜드 캐니언보다 훨씬 더 깊은 5,571m에 달한다.[6] 그럼에도 그랜드 캐니언은 지구상의 다른 어떤 협곡들보다 장대하고 아름다우며, 지구의 지각 변동 역사가 잘 기록되어 있는 지층이 차곡차곡 쌓여 있어서 지구의 역사를 연구하는 지질학자들 뿐 아니라 많은 관광객이 찾고 있다.

그랜드 캐니언은 1540년, 스페인의 캡틴 카데나스(García López de Cárdenas, c.1500~unknown)가 서구인으로서는 처음 발견한 것으로 알려져 있다. 오늘날 그의 이름은 과거 그랜드 캐니언 지역에서 있었던 화산활동으로 형성된 카데나스 현무암(Cardenas Basalts)이란 명칭에도 남아 있다. 하지만 그가 그랜드 캐니언을 발견하기 오래전부터 이미 이곳에는 왈라파이 부족(Hualapai Nation), 하바수파이 부족(Havasupai People), 나바호 부족(Navajo Nation) 등의 원주민들이 살고 있었고, 푸에블로 부족(Pueblo people)도 오래 전부터 이곳을 성지로 여기고 있었다.

---

6 "Kali Gandaki Gorge" in Wiki

캐니언 지층

그랜드 캐니언은 지형의 장대함과 독특함으로 인해 오랫동안 많은 사람이 방문했다. 하지만 캡틴 카데나스가 호피(Hopi) 원주민 가이드를 앞세워 몇몇 군인들과 함께 그랜드 캐니언을 방문한 이후 200여 년간 공식적으로 이곳을 탐사한 사람은 없었다. 1776년 스페인 신부인 도밍게즈(Francisco Atanasio Domínguez, 1740~1776)와 에스칼란테(Silvestre Vélez de Escalante, 1750~1780)가 몇몇 군인들과 함께 이곳을 탐사했다는 기록이 남아 있다.

하지만 지질학자들이 이곳 지형을 본격적으로 연구하기 시작한 것은 19세기 중엽으로 알려지고 있다. 1858년 미국 의사이자 지질학자 뉴베리(John Strong Newberry, 1822~1892)가 처음 그랜드 캐니언을 탐사한 이래 많은 사람이 연구를 위해 이곳을 방문했다. 지난 150여 년 동안, 그랜드 캐니언에 대해서는 많은 지질학자가 연구했고, 그 결과가 수많은 논문과 책으로 발표되었다. 하지만 아직도 새로운 발견이 계속 발표되고 있으며, 풀리지 않은 수수께끼도 남아 있다.[7]

그동안의 연구 결과는 그림 3과 같은 지층도로 요약할 수 있다. 본서에서 이 지층들은 자주 언급된다. 특히 그중에서도 2장 그림 13에서 고생대 층군에 속하는 ①~⑪번까지의 지층 이름은 기억하는 것이 좋다. 하지만 아메리칸 원주민 말이나 힌두교 신들의 이름을 따서 지층 이름을 지은 경우가 많아서 기억하기가 쉽지 않다. 그래서 그랜드 캐니언 협회(Grand Canyon Association)에서는 그림 3에 표시한 9개의 주요한 지층만을 선택해서 지층들의 이름 첫 알파벳으로 문장을 고안했다: "Know The Canyon's History. Study Rocks Made By Time."[8] 여기서 대문자로 표기한 K, T, C, H, S, R, M, B, T는 순서대로 카이바브 층(Kaibab Formation) → 토로웹 층(Toroweap Formation) → 코코니노 사암(Coconino Sandstone) → 허밋 층(Hermit Formation) → 수파이 층군(Supai Group) → 레드월 석회암(Redwall Limestone) → 무아브 석회암(Muav Limestone) → 브라이트 엔젤 셰일(Bright Angel Shale) → 태피츠 사암(Tapeats Sandstone)을 나타낸다.

지질학적으로 그랜드 캐니언의 노출된 지층의 연대는 상당히 넓은 폭을 갖는다. 북쪽림(North Rim)의 제일 높은 곳의 지층은 가장 젊지만 협곡 바닥의 콜로라도강으로 내려갈수록 오래되었다.

콜로라도강 하상으로부터 북쪽림까지 전체 그랜드 캐니언은 총 18

---

7 Allyson Mathis and Carl Bowman, *The Grand Ages of Rocks: The Numeric Ages for Rocks Exposed within Grand Canyon* (National Park Service, U.S. Department of the Interior, 2006). c.f. http://www.nature.nps.gov/geology/parks/grca/age/index.cfm

8 Grand Canyon Association에서 만든 "Grand Canyon Stacking Blocks" 참고. 아래로부터 오름차순으로 11개 지층 모두의 이름을 기억하려면 필자가 만든 "Tom & Becky Marries To Rear Spiritual Home-base for Campus Team Keyleaders"를 참고하라.

Kaibab Limestone — 카이바브 석회암
Toroweap Formation — 토로웹층
Coconino Sandstone — 코코니노 사암
Hermit Shale — 허멋 셰일
Supai Group — 수파이 층군

Redwall Limestone — 레드월 석회암
Mauv Limestone — 무아브 석회암

Bright Angel Shale — 브라이트 에인절 셰일
Tapeats Sandstone — 태피츠 사암

GRAND CANYON — 그랜드 캐니언
ROCK LAYERS — 지층과 암석

Vishnu Schist — 비슈누 편암

▌ 그림 3 / 그랜드 캐니언의 지층과 암석. 태피츠 사암으로부터 카이바브 층에 이르는 주요 지층은 서로 다른 시기의 서로 다른 격변에 의해 퇴적되었다고 보는 것이 자연스럽다.[9]

개의 지층으로 이루어져 있다. 이들 지층을 크게 나누면 그림 4와 같이 하부로부터 비슈누 기반암(Vishnu Basement Rocks)(세 종류 암석), 그랜드 캐니언 누층군암(Grand Canyon Supergroup Rocks)(네 종류 암석), 고생대 층상암(Layered Paleozoic Rocks)(11개 지층)으로 나눌 수 있다.

---

[9] http://www.nature.nps.gov/geology/parks/grca/age/image_popup/
yardstickstratcolumn.png와 http://www.bobspixels.com/kaibab.org/geology/gc_
geol.htm을 참고하라.

고생대 층상암
Layered Paleozoic Rocks

비슈누 Vishnu Basement 기반암 Rocks

그랜드 캐니언 누층군암
Grand Canyon Supergroup Rocks

▌그림 4 / 그랜드 캐니언의 내부 계곡. 캐니언의 모란 전망대(Moran Point)에서 보면 내부 계곡 (Inner Gorge)의 비슈누 기반암, 그랜드 캐니언 누층군암, 고생대 층상암을 모두 볼 수 있다.[10]

기반암인 비슈누 변성암

캐니언의 최하부에 있는 암석이며, 비슈누 편암(-片岩, Vishnu Schist) 을 중심으로 그 속에 화성암(Igneous Rock)인 화강암, 화성암이 고온

---

10 http://www.nature.nps.gov/geology/parks/grca/age/image_popup/ figure4.htm

고압의 변성과정을 받아 생기는 변성암(Metamorphic Rock)의 일종인 편마암(片麻岩, gneiss) 등 세 종류의 암석이 있다.

그랜드 캐니언 누층군암

선캄브리아 누층군에 속하는 이 부류의 암석층은 네 종류의 암석으로 이루어져 있으며, 7.4억 년에서 12억 년 전의 선캄브리아기 (Precambrian)에 형성되었다. 화산활동으로 생긴 암석(volcanic rock)과 퇴적암(sedimentary rock)이 겹쳐 있으며, 경사진 층으로 이루어져 있다. 그러므로 지층은 계곡에 노출된 곳도 있고 땅속에 묻혀 있어 노출되지 않은 곳도 있다.

고생대 층상암

11개 고생대 지층으로 이루어져 있고(2장 그림 13), 가장 많이 노출된 암석이다. 전체 900~1,200m에 이르는 고생대 층상 퇴적암 지층들은 시루떡 같이 수평으로, 혹은 계단 모양으로 노출되어 있다. 이 부류의 암석은 고생대(Paleozoic Era)의 암석으로 얕은 바다 또는 늪지대의 바닥에서 흙이나 모래가 퇴적되어 형성된 것이 대부분이다. 그러나 바람에 불려온 모래가 쌓여서 형성된 풍성층이 있는데 코코니노 사암과 수파이 층군의 일부분이 이에 해당된다.

위 세 종류의 암석에는 속하지 않지만 10만~300만 년 사이에 이 지역에서 일어난 화산활동의 흔적도 무시할 수 없다. 화산활동이 강하게 일어날 때는 화산재와 용암이 콜로라도강과 지류의 물을 완전히 막기도 했다. 화산활동이 분출한 용암은 그랜드 캐니언 지층의 상부에 분포한다. 따라서 그랜드 캐니언에서 가장 젊은 지층은 용암이다. 화산활동을 통해 분출한 화산재와 용암이 콜로라도강과 지류의 물을 완전히 차단한 것은 자연의 힘을 실감할 수 있는 사건이었다.

대부정합 연대

앞에서 언급한 것처럼 그랜드 캐니언 협곡 가장 낮은 곳은 비슈누 기반암으로 이루어져 있으며, 이곳에 있는 비슈누 편암은 약 16.8~18.4억 년 전에 형성되었다. 고생대 암석의 가장 아래에 있는 태피츠 사암(Tapeats Sandstone)의 연대는 5.25억 년이어서 대부정합(The Great Unconformity)을 경계로 약 11.5억 년의 시간적 간격이 있다. 놀랍게도 이 긴 기간 동안 아무런 퇴적층도 남아 있지 않다. 아래 그림 5에

┃ 그림 5 / 다이아몬드 크릭으로 내려가는 길목의 선캄브리아기와 고생대 지층 사이의 대부정합 (ⓒPY)

서 볼 수 있는 것처럼 대부정합은 남쪽림(South Rim)에서 콜로라도강으로 내려가는 도중에 접근해서 손으로 만져볼 수 있다. 왈라파이 원주민이 관리하고 있는 다이아몬드 크릭까지 내려가는 길목의 자동차도로 옆에서 대부정합을 볼 수 있다. 대부정합을 경계로 하부지층인 비슈누 기반암에서는 다세포 생물의 화석이 전혀 발견되지 않지만, 그 위 지층에서는 많은 화석이 발굴된다.

북쪽림과 남쪽림

북쪽림(North Rim)은 고생대 지층의 제일 위 지층인 카이바브 석회암(Kaibab Limestone) 위에 놓여 있다. 카이바브 석회암은 크림색 혹은 회색의 암석으로 이루어져 있으며, 연대는 2.7억 년으로 그랜드 캐니언에서 가장 나이가 젊다. 남쪽림(South Rim)은 모래 색깔의 사암으로 이루어진 코코니노층(Coconino Formation) 위에 있으며 연대는 2.75억 년으로 북쪽림보다 5백만 년 정도 더 오래되었다.

캐니언 침식 연대

지질학적으로 그랜드 캐니언은 주로 원생대, 고생대 암석으로 이루어져 있지만 지구상에서 가장 완전한 지층의 층서단면을 보여주고 있다. 이 지층들은 언제 퇴적되었으며, 언제 침식되었을까? 그랜드 캐니언을 이루고 있는 암석의 퇴적연대에 대해서는 학자들 간에 대체적인 의견의 일치가 이루어져 있지만, 그랜드 캐니언의 침식연대에 대해서는 학자마다 의견의 차이가 있다.

오랫 동안 학자들은 현재의 협곡은 지난 5~6백만 년 전부터 침식된 것으로 생각했다.[11] 그 기간 콜로라도강과 지류들의 하방침식이 진행되면서 협곡은 점차 깊어지고 넓어지게 되어 오늘날의 모습이 되었다는 것이다.

하지만 2008년, 〈Science〉에 발표된 연구결과는 그랜드 캐니언의 9개 동굴 벽에서 채취한 방해석을 우라늄-납 방사성 연대 측정법으로 측정한 결과 그랜드 캐니언은 1,700만 년 전에 침식되기 시작했다고 한다.[12] 이 결과는 기존의 데이터와 크게 달라서 논쟁이 되고 있다.[13] 이처럼 암석의 절대 연대는 방사성 연대 측정법으로 비교적 정확하게 측정할 수 있지만, 캐니언 형성(침식)에 관여한 여러 요인으로 인해 캐니언의 침식 연대는 정확하게 측정하기가 어렵다.

그랜드 캐니언이 5~600만 년 전에 형성되었는지, 1,700만 년 전에

---

11 Andrew Darling and Kelin Whipple, "Geomorphic constraints on the age of the western Grand Canyon," 〈Geosphere〉 11 (4): 958~976 ; J. E. Spencer, P. J. Patchett, P. A. Pearthree, P. K. House, A. M. Sarna-Wojcicki, E. Wan, J. A. Roskowski and J. E. Faulds, "Review and analysis of the age and origin of the Pliocene Bouse Formation, lower Colorado River Valley, southwestern USA," 〈Geosphere〉 9 (3): 444~459 ; Karl E. Karlstrom, John P. Lee, Shari A. Kelley, Ryan S. Crow, Laura J. Crossey, Richard A. Young, Greg Lazear, L. Sue Beard and Jason W. Ricketts, "Formation of the Grand Canyon 5 to 6 million years ago through integration of older palaeocanyons," 〈Nature Geoscience〉 7 (3): 239~244.

12 John Wilford, "Study Says Grand Canyon Older Than Thought," 〈New York Times〉 (2008-02-06).

13 "How Old is the Grand Canyon?" 〈Science Friday〉 (2008-03-07).

형성되었는지, 혹은 그 중간 언젠가 형성되었는지는 논쟁이 되고 있다. 하지만 4,400년 전, 노아 홍수 때 형성되었다는 주장은 적어도 지질학계에서는 전혀 논쟁거리가 아니다.[14]

---

14 http://www.newshub.co.nz/environmentsci/debate-rages-over-grand-canyons-origins-2012120307

캐니언 역사

현재까지 알려진 연구 결과는 연세대 환경지질연구정보센터 홈페이지에 한글로 비교적 잘 정리되어 있다. 홈페이지에 있는 도표를 참고해 그랜드 캐니언의 형성 과정을 연대별로 요약해 보자. 그랜드 캐니언 각 지층의 연대는 학자마다 조금씩 다른데 아래에서는 가장 널리 인용되는 연대를 사용했다.

◆ 그랜드 캐니언 하부의 비슈누 기반암(Vishnu Basement Rocks)은 16.8~18.4억 년 전에 형성되었다. 비슈누 기반암은 많은 부분이 땅속에 묻혀 있어서 정확한 두께를 알 수 없고, 따라서 기반암의 두께는 알 수 없다.

◆ 이후 4억 년(16.5~12.5억 년까지)에 걸친 퇴적층은 침식으로 없어져서 가장 큰 경사부정합(Greatest Clinounconformity)으로 남아 있다.

◆ 12.5억 년 전, 운카 층군(Unkar Group, 12.5~11.04억 년)의 최초 퇴적층인 배스층(Bass Formation) 혹은 배스 석회암(Bass Limestone)이 쌓였다. 배스층에서는 과거에 얕은 바다에 살았던 조류(藻類) 화석 스트로마톨라이트(stromatolite)가 발견되는 것으로 보아 퇴적환경이 얕은 바다였던 것으로 생각된다.

하카타이 셰일

←배스층

비슈누 기반암

┃ 그림 6 / 브라이트 엔젤 캐니언에 있는 비슈누 기반암과 배스층.[15]

◆ 12억 년 전에 바다가 물러가면서 갯벌을 남기게 되었는데 이 갯벌 물질
은 후에 운카 층군의 하카타이 셰일(Hakatai Shale)이 되었다(그림 6).

◆ 11.9억 년 전 독스층(Dox Formation)이 쌓였는데, 이 지층은 이암(泥岩,
pelite)과 셰일(shale)로 구성되고 물결모양의 연흔(漣痕, ripple mark) 등의 퇴
적구조가 관찰되는 것으로 미루어 볼 때 퇴적환경은 얕은 바다였을 것으로
생각된다(그림 7).

◆ 12.5~11억 년 전에 그랜드 캐니언 지역에 화산활동이 있었는데 이로 인
해 운카 층군의 가장 위 암석인 카데나스 현무암(Cardenas Basalts)이 형성되
었다(그림 7).

카데나스 현무암

독스층

▌ 그림 7. 동쪽림(East Rim) 코만치 전망대(Comanche Point)에서 본 독스층과 카데나스 현무암.[16]

◆ 7.4~7.7억 년 사이에는 다시 얕은 바다에서 추아 층군(Chuar Group)이 형성되었으며, 추아 층군에는 세 개의 지층이 있다. 운카 층군에서 추아 층

---

15 https://en.wikipedia.org/wiki/Bass_Formation#/media/File:Grand_Canyon_
   with_Snow_4.JPG

16 https://upload.wikimedia.org/wikipedia/commons/f/f3/Comanche_
   Point%2C_on_the_South_Rim_of_the_Grand_Canyon.jpg 코만치는 미국 원주
   민 부족의 이름이다. 코만치 족이 거주하는 범위는 현재 뉴멕시코 주 동부, 콜로라
   도 남부, 캔자스 남부, 오클라호마 전역, 텍사스의 북부와 남부의 대부분에 걸쳐 있
   다. 한때 2만 명 정도의 코만치가 있었지만 현재는 약 1만 명 정도의 코만치 족이 있
   으며, 그 절반은 오클라호마에, 나머지는 텍사스, 캘리포니아, 뉴멕시코 등에 집중되
   어 있다. – 위키백과

태피츠 사암→

비슈누
기반암

▌ 그림 8. 콜로라도강에서 올려다본 진한 갈색의 기반암 (©PY)

군까지를 합쳐서 그랜드 캐니언 누층군(2장 그림 13 ⑬~⑮번 지층)이라고 부른다.

◆ 선캄브리아기의 가장 마지막 층군인 추아 층군과 고생대 가장 아래 지층인 태피츠 사암(Tapeats Sandstone) 사이에는 2.5억 년간의 지층이 침식으로 없어져 부정합 관계를 보인다. 비슈누 기반암과 고생대의 가장 아래 지층인 태피츠 사암은 그림 8에서 보여주는 것처럼 콜로라도강 위에서 보면 매우 뚜렷하게 구분된다.

◆ 5.25억 년 전에 새롭게 형성된 해안에서 태피츠 사암이 퇴적되었는데, 그랜드 캐니언 내에는 당시에 앞바다에 있었던 섬이 지층 내에 포함된 것이 발견되었다.

◆ 5.15억 년 전에는 톤토 층군(Tonto Group)의 세 지층 중 중간 지층인 브라이트 엔젤 셰일(Bright Angel Shale)이 퇴적되었는데 이로 미루어 다시 바다가 이 지역에 침입했음을 알 수 있다.

◆ 5.05억 년 전에는 얕은 바다에서 무아브 석회암(Muav Limestone)이 형성되었다.

◆ 3.4억 년 전에는 150m에 이르는 두꺼운 레드월 석회암(Redwall Limestone)이 퇴적된 것으로 미루어 당시 이 지역은 바닷물에 덮인 채 해퇴(海退)와 해침(海浸)을 통한 급격한 퇴적이 일어났음을 알 수 있다.

◆ 3.15억 년 전, 레드월 석회암 위에 쌓인 수파이 층군(Supai Group)은 육지와 해변환경에서 형성된 것으로 생각된다.

◆ 2.8억 년 전에 쌓인 허밋 셰일(Hermit Shale)은 식물화석을 많이 포함하는데 이는 육상 환경에서 형성된 것을 의미한다.

◆ 2.75억 년 전에 북쪽에서 바람에 불려온 모래가 형성한 광대한 사막은 코코니노 사암(Coconino Sandstone)을 형성했다. 코코니노 사암이 풍성층(風成層, aeolian deposit)이 아니라 해성층((海成層, marine deposit)이라는 대홍수

▌그림 9. 카이바브 층은 해백합, 원시적인 극피동물(棘皮動物, echinoderm) 등의 화석을 포함하고 있다.[17]

---

[17] 극피동물(棘皮動物, Echinodermata)이란 이름 그대로 가시가 난 피부를 가지고 있으며, 몸이 거의 방사대칭인 성게류, 불가사리류, 해삼류, 바다나리류 등의 동물을 말한다.

론자들의 주장에 대해서는 2장에서 설명하였다.

◆ 2.73억 년 전에 형성된 토로웹층(Toroweap Formation)은 사암과 석회암으로 구성되는데 이로 미루어 이 지층이 형성되던 당시에는 해안평야(海岸平野, coastal plain)와 얕은 바다가 반복된 환경이었던 것으로 보인다.

◆ 2.7억 년 전에는 그랜드 캐니언의 최상부를 이루는 카이바브 석회암(Kaibab Limestone)이 형성되었는데, 이 지층은 그림 9와 같이 해저에 살았던 화석을 많이 포함한다.

◆ 2.1억 년 이후에 형성된 지층은 침식되어 그랜드 캐니언에서는 존재하지 않는다.

◆ 7,000~4,000만 년 사이에 라라미드 조산운동(Laramide Orogenesis)에 의해 로키산맥(Rocky Mountains)이 형성되고 콜로라도강이 흐르게 되었다.

◆ 1,700~500만 년 전 콜로라도 고원이 융기되어 침식면이 높아지면서 더 빠르고 깊은 하방침식이 일어나기 시작했고, 지금과 같은 그랜드 캐니언이 만들어지기 시작했다.

캐니언 형성

지금까지 우리는 지층이 어떤 암석으로, 어떻게 쌓였을까를 아래 지층으로부터 살펴보았다. 그러면 이렇게 퇴적된 지층들이 어떻게 그랜드 캐니언을 만들 수 있었을까? 지질학자들은 현재와 같은 그랜드 캐니언의 모습은 다음 몇 가지 원인에 의해 형성되었다고 본다.

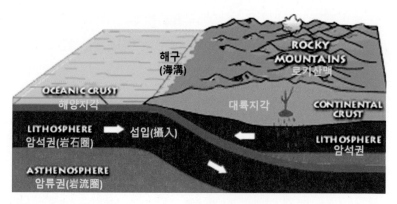

| 그림 9 / 라라미드 조산운동[18]

18 https://commons.wikimedia.org/wiki/File:Shallow_subduction_Laramide_
orogeny.png

◆ 콜로라도 고원(Colorado Plateau)의 융기는 현재의 그랜드 캐니언을 형성한 출발점이었다. 콜로라도 고원은 백악기 후기인 7,000만 년 전에 시작된 라라미드 조산운동(- 造山運動, Laramide Orogeny)과 더불어 융기되기 시작한 것으로 본다. 그림 9와 같이 북미주 서부 지역에서 태평양판이 북아메리카판 아래로 얕은 각도로 섭입되면서(subduct) 시작된 라라미드 조산운동은 콜로라도 고원과 더불어 오늘날의 로키산맥을 형성했다.

융기되기 전 이 지역의 고생대 지층의 대부분은 늪지대이거나 얕은 해안지대였다. 하지만 중생대 말에 시작된 라라미드 조산운동을 통해 현재의 콜로라도 고원이 1,500∼3,000m 정도 융기했다. 이 융기로 인해 로키산맥에서 흘러내리는 콜로라도강과 지류들의 유속이 증가했고, 따라서 암석을 하방 침식시키는 속도도 빨라졌다.

◆ 콜로라도강과 지류의 물이 캘리포니아만(Gulf of California)으로 유입된 것은 그랜드 캐니언의 빠른 하방침식을 초래했다. 약 530만 년 전에 콜로라도강과 지류의 물이 캘리포니아만으로 유입되면서 강바닥의 높이는 더 낮아졌고(침식기준면의 하강), 이로 인해 유속은 더 빨라졌으며, 하방침식 속도도 증가했다. 이로 인해 지금부터 120만 년 전에 이미 현재와 같은 그랜드 캐니언의 깊이가 형성되었다.

◆ 차별침식(差別浸蝕, differential erosion)은 현재와 같은 캐니언 벽을 만드는데 중요한 요소였다. 그랜드 캐니언의 하상이 빠른 속도로 깊어지면서 현재와 같은 그랜드 캐니언 계곡 벽면의 모습은 지층마다 침식에 대한 강도가 달라서 생기는 차별침식이라는 과정을 통해 형성되었다.[9] 차별침식이란 물에 의해 암석이 침식될 때 침식이나 풍화에 약한 지층은 빠르게 침식되지만

단단하고 강한 지층은 오래 견디는 현상을 말한다. 차별침식이 일어나게 되면 단단한 지층은 쉽게 침식되지 않지만 그 아래에 있는 침식과 풍화에 약한 지층은 쉽게 침식된다. 그래서 받침이 없는 상태가 되면서 나중에는 결국 단단한 암석도 무너지게 되고, 이로 인해 가파른 절벽이 만들어진다.

그랜드 캐니언의 내벽이 차별침식 되면서 붕괴된 돌과 모래는 강물에 의해 캘리포니아만까지 이동하게 되고, 그런 과정 중 강물에 의해서 빠른 속도로 이동하는 돌은 강바닥을 깎아서 더 깊은 계곡을 만들었다. 이런 현상이 반복되면서 계곡은 더 깊어지고 폭은 더 넓어지게 되었다.

◆ 빙하기(ice age)가 끝나면서 불어난 엄청난 물도 그랜드 캐니언의 침식에 기여하였다. 현재 북위 36도에 위치한 그랜드 캐니언은 빙하기에도 그렇게 두꺼운 얼음으로 덮이지는 않았을 것으로 생각된다. 하지만 콜로라도강의 발원지인 북쪽 로키산맥에는 두꺼운 얼음이 덮여있었다. 빙하기가 끝나고 간빙기로 들어서는 시기에 흘러내린 엄청난 융빙수(融氷水, glaciofluvial)는 그랜드 캐니언의 침식에 기여했다. 더구나 융빙수 속에 포함된 표석(漂石, boulder)과 빙퇴석(氷堆石, moraine) 등은 캐니언 벽의 침식을 가속화시켰다.[20]

◆ 콜로라도 고원의 고르지 않은 융기와 이로 인해 콜로라도강을 중심으로 한 비대칭적 침식이 현재와 같은 비대칭적 캐니언을 형성했다. 콜로라도

---

19 David Leveson, "The Hypothesis of Differential Erosion", Retrieved 2010-10-22.
20 표석(漂石, boulder)이란 홍수나 빙하작용에 의해 먼 곳에서 운반된, 그래서 주변에 있는 암석과는 다른 암석을 말한다. 빙퇴석(氷堆石, moraine)이란 빙하가 골짜기를 깎으면서 운반해 온 암석, 자갈 및 토사 등이 퇴적된 지형을 말한다. - cf. 양승영 편저, 《지질학 사전》(교학연구사, 2001).

고원은 고르지 않게 융기했기에 북쪽림(North Rim)이 남쪽림(South Rim)보다 300m 정도 더 높다. 즉 계곡 위 표면 지층이 수평이 아니고 남쪽으로 약간 기울어져 있다. 그래서 캐니언 북쪽의 빗물은 북쪽림을 통해 그랜드 캐니언 으로 흘러들지만 캐니언 남쪽의 빗물은 캐니언으로 흘러들지 않고 경사를 따라 남쪽으로 흘러간다. 그 결과 남쪽림에 비해 북쪽림은 콜로라도 강줄기 로부터 점점 더 빨리 멀어지고 있다. 따라서 콜로라도강의 위치를 보면 남 쪽림으로 치우쳐 있어서 남쪽 절벽은 가파르지만 북쪽 절벽은 완만하고 강 줄기에서 북쪽림까지의 폭이 훨씬 더 넓다.

이와 비슷한 현상이 지류에서도 나타난다. 북쪽에서 그랜드 캐니 언으로 흘러드는 지류들은 더 깊고 긴 데 비해 남쪽에서 흘러드는 지 류들은 짧고 가파르다. 북쪽림은 남쪽림보다 고도가 높아서 기온도 더 낮고, 겨울철에는 눈이 많이 오기 때문에 접근이 통제된다.

위는 지질학자들이 그랜드 캐니언을 연구한 것을 요약한 것으로서 하나님의 지구경영의 한 단면을 보여준다. 이들은 대부분 이미 수많 은 책이나 논문의 형태로 발표되었다. 아직도 부분적으로 논쟁이 되 는 부분도 있지만 그랜드 캐니언의 지질학과 형성과정에 대해서는 지질학자들의 대체적인 의견 일치가 이루어지고 있다.

하지만 이러한 지질학자들의 결론을 완강하게 거부하는 사람들이 있는데 바로 젊은 지구론자 혹은 창조과학자라고도 부르는 대홍수론 자들이다.

젊은 지구론과 대홍수론

젊은 지구론에서는 창세기 1장의 창조 주간을 24시간이 여섯 번 반복된 것으로 해석하고, 창세기 5장에 나타난 아담 후손의 계보가 빠짐없이 기록되었다는 가정에 따라 우주와 지구와 인류의 연대를 6천 년이라고 주장한다. 이러한 창세기 해석에 기초해서 창조과학에서는 인간과 지구와 우주가 불과 6천 년 전에 '동시에' 창조되었다고 주장한다. 창세기 1장 1절로부터 시작된 창조 사역은 아무런 간격도, 시간의 지체도 없이 문자 그대로 연속적으로 일어나서 우주의 창조로부터 인간의 창조까지 오늘날의 1주일, 즉 6일이 경과되었다고 본다. 젊은 지구론자들은 이처럼 지구와 우주의 연대를 6천 년으로 주장하는데 이 주장의 가장 큰 문제는 두 가지라고 본다.

첫째, 현대 지질학에서 절대연대측정법으로 가장 널리 사용되고 있는 방사성 연대 측정법(放射性年代測定法, radioactive dating)의 부정이다. 우주와 지구가 수십억 년 이상 되었다는 많은 증거 중에서도 방사성 연대 측정법은 가장 정량적이며, 재현할 수 있고, 현대 물리학의 기본적인 원리와 잘 부합하지만 창조과학자들은 젊은 우주, 젊은 지구를 주장하기 위해 방사성 연대를 부정한다. 이들은 방사성 연대만이 아니라 오랜 우주, 지구를 보여주는 모든 연대를 부정한다. 젊은 지구론의 문제와 방사능 연대에 대해서는 2017년 3월에 출간된 필자의 《창조연대 논쟁: 젊은 지구론, 무엇이 문제인가?》를 참고하기 바란다.[21]

▌ 그림 10 / 《창조연대 논쟁》

둘째, 지표면의 대부분의 모습을 노아 홍수의 결과로 해석하는 대홍수론의 주장이다. 젊은 지구론을 지질학적으로 지지하기 위해 젊은 지구론자들은 지난 200년 이상 연구된 현대 지질학을 모두 부정하고 고생대 캄브리아기로부터 신생대 제4기 홍적세까지의 모든 지층과 화석이 지금부터 4,400여 년 전에 일어난 1년 미만의 노아 홍수 기간에 형성되었다고 주장한다. 이들은 그랜드 캐니언도 노아 홍수 기간에 형성되었다고 주장한다. 성경을 믿는 모든 그리스도인은 노아

21 양승훈, 《창조연대 논쟁: 젊은 지구론, 무엇이 문제인가?》 (SFC, 2017)

홍수가 역사적 사실이라고 믿지만 젊은 지구론자들은 여기에서 더 나아가 지질연대를 젊은 지구론에 맞추기 위해 노아 홍수로 모든 지층과 화석을 설명한다. 대홍수론이 젊은 지구론과 동전의 양면처럼 붙어 다니는 이유가 바로 여기에 있다.[22]

┃ 그림 11. 홍수지질학(Flood Geology)의 확산을 가져오는데 결정적인 역할을 한 《창세기 대홍수》(*The Genesis Flood*)

대홍수론은 지구역사에서 전 지구적 대격변은 노아 홍수 하나뿐이었다고 하기에 단일격변설(Single Catastrophic Theory)이라고도 불린다. 하지만 단일격변설은 여러 지질학적 증거와 맞지 않아서 오늘날 주류 지질학계에서는 전혀 관심을 갖고 있지 않다. 그래서 필자는 여러 해 전에 지구 역사에서 여러 차례의 격변이 있었지만, 인류의 역사기간에는 노아 홍수라는 한 차례의 전 지구적 격변이 일어났다는 소위 다중격변설(Multiple Catastrophic Theory)을 제창했다.[23] 다중격변모델에서는 방사능 연대를 비롯해 주류 지질학에서 말하는 지구의 연대는 그대로 받아들이고 다만 지층 형성 모델만 바꾸자는 제안이다.

현대 지질학이 출현했던 18세 말 이전까지만 해도 대홍수론은 꽤 많은 사람이 연구하던 모델이었다. 하지만 지금은 복음주의 지질학자들조차 더 이상 관심을 두지 않고 있다. 그동안 누적된 많은 연구결과에 의하면 적어도 오늘날 젊은 지구론자들이 제시하는 대홍수론은 고려할 가치가 전혀 없기 때문이다. 대홍수론은 소수의 근본주의자들 외에는 관심을 갖고 있지 않다.

이러한 전문가들의 견해에도 불구하고 젊은 지구론자들은 성경에 나타난 노아 홍수로 그랜드 캐니언을 비롯한 대부분의 지층과 화석이 형성되었다는 주장을 굽히지 않고 있다. 이들이 자신들의 주장을 펴는 대상은 전문가들이 아니라 지질학적 배경이 없는 일반 대중이다. 성경의 몇몇 인명이나 지명, 용어를 사용하면서 이것이 성경이 정확무오한 증거라고 말하면 묻지도 따지지도 않고 "아멘!" 하는 사람들이 많다. 젊은 지구론자들, 즉 대홍수론자들은 지금도 그랜드 캐니언 창조탐사라는 이름을 내걸고 사람들을 모집하며 많은 사람들을 오도하고 있기에, 아래에서는 왜 그랜드 캐니언이 1년 미만의 대홍수로 형성되었다는 이들의 주장이 틀렸는지를 살펴보고자 한다.

---

22 젊은 지구론의 문제에 대해서는 http://www.oldearth.org/geology.htm을 참고하기 바란다.
23 양승훈, 《다중격변 창조론》 (SFC, 2011)

2 그랜드 캐니언이 대홍수로 생기지 않은 증거들

지난 수년 동안 한국 교계에서는 그랜드 캐니언이 노아 홍수 때 생겼다는 대홍수론 탐사 가이드를 따라 창조론 탐사의 일부로 그랜드 캐니언을 다녀오는 사람들이 많았다. 그랜드 캐니언은 세계적인 관광지일 뿐 아니라 하나님의 창조의 신비와 더불어 하나님의 지구경영의 한 단면을 보여주고 있기에 노아 홍수와 관련짓지 않더라도 형편만 되면 한 번쯤 다녀오는 것이 나쁘지 않다. 하지만 그랜드 캐니언이 정말 노아 홍수 때 생겼는지는 진지하게 물어볼 필요가 있다. 과연 그랜드 캐니언이 지금부터 4,400여 년 전에 일어난, 1년 미만의 거대한 홍수로 갑자기 생겼을까?

대홍수론 지지자들은 그랜드 캐니언이 노아 홍수 때 물러가는 홍수에 의해 불과 몇 달 만에 갑자기 만들어졌다고 주장한다.[1] 그러면서 오늘날 우리가 관찰하는 고원, 캐니언, 해구(海溝, trench), 충상단층(衝上斷層, overthrust), 지향사(地向斜, geosyncline) 등 모든 지질학적 특징은 전 지구적 홍수가 일어났을 때 기대하는 바와 일치한다고 주장한다.[2] 과연 1년 미만의 홍수에 의해 1km 내외에 이르는 두꺼운 지층이 퇴적되고, 이어 이 퇴적층과 선캄브리아 기반암까지 합친 1.6km 이상이 침식될 수 있을까? 만일 대홍수가 갑작스럽게 물러가면서 침식작용(浸蝕作用, erosion)이 일어났다면 어떤 증거가 남아 있어야 할까?

아래에서는 콜로라도강과 지류, 그랜드 캐니언의 여러 지형 사진을 통해 그랜드 캐니언이 한 번의 대홍수에 의해서는 도무지 만들어질 수 없다는 구체적인 증거들을 제시한다.

1 Steve Austin, *Grand Canyon: Monument to Catastrophe* (Santee, CA: ICR, 1995).

2 Walt Brown, *In the beginning: Compelling evidence for creation and the Flood* (Phoenix, AZ: Center for Scientific Creation, 1995); John C. Whitcomb, Jr. and Henry M. Morris, *The Genesis Flood* (Philadelphia, PA: Presbyterian and Reformed Publishing Co., 1961); Steve Austin, *Grand Canyon: Monument to Catastrophe* (Santee, CA: ICR, 1995).

콜로라도강의 사행

첫 번째 증거는 그랜드 캐니언을 관통하는 콜로라도강은 사행천(蛇行川)이라는 사실이다.[3] 그런데 한 번의 급격한 대홍수로 사행천이 만들어질까? 사행천이란 말 그대로 뱀이 기어가는 것처럼 심한 굴곡을 이루며 흐르는 강줄기를 말한다. 우리가 아는 것처럼 그랜드 캐니언을 관통하는 콜로라도강은 짧은 강이 아니다. 이 강은 미국 남서부로부터 멕시코 북부지방에 이르기까지 장장 2,330km에 이르는, 미국의 주요한 강 중 하나다. 콜로라도강이 지나가는 주만 하더라도 7개 주에 이른다.[4]

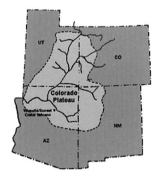

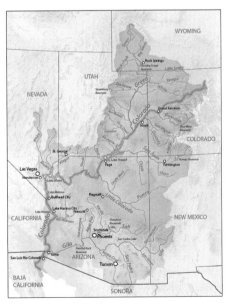

❙ 그림 1 / 4개 주에 걸친 콜로라도 고원과[5]
콜로라도강과 주요 지류들[6]

63

이 긴 콜로라도강 곳곳에 노아 홍수와 같은 급격한 단일 대홍수로는 도무지 설명할 수 없는 증거들이 많이 남아 있다. 이러한 증거들은 콜로라도 고원(Colorado Plateau)(넓이 337,000km^2, 해발 2,000m 이상)이라는 융기된 지형을 관통하면서 형성된 그랜드 캐니언과 그 상류, 특히 그린강(Green River), 산후안강(San Juan River), 리틀 콜로라도강(Little Colorado River)과 같은 콜로라도강 상류에 있는 주요 지류에서 분명하게 볼 수 있다. 산후안강의 경우 캐니언의 깊이가 300m에 이르고, 얼마나 심하게 사행하는지 1km 진행하는데 무려 5km의 물길이 굽이친다. 이런 심한 사행 수로는 거대한 단일 홍수로는 절대 형성될 수가 없다.

콜로라도강 상류에 있는 유타주 캐니언랜즈 국립공원(Canyonlands National Park)에서의 사행(蛇行, meandering)도 마찬가지다. 콜로라도강을 중심으로 형성된 방대한 캐니언들은 노아 홍수와 같은 전 지구적이고 단기간의 거대한 홍수로는 도무지 설명할 수 없는 극도의 사행 패턴을 보여준다. 대홍수가 갑작스럽게 물러가면서 급격한 침식작용

---

3 사행천(蛇行川)은 곡류천(曲流川)이라고도 불리며, 큰 하천의 지류나 강 하구의 평야 지대에서 흔히 볼 수 있다

4 강이 지나가는 7개 주는 1922년부터 콜로라도강을 상류와 하류로 나누었는데 상류는 콜로라도 주, 뉴멕시코 주, 유타 주, 와이오밍 주이고, 하류는 애리조나 주, 캘리포니아 주, 네바다 주였다.

5 Public Domain, https://commons.wikimedia.org/w/index.php?curid=65130

6 By Shannon ― Background and river course data from DEMIS Mapserver and The National Map, both public domain, GFDL, https://commons.wikimedia.org/w/index.php?curid=10183567

이 일어날 때는 구불거리는 캐니언이 만들어지지 않는다.

그림 2에서 볼 수 있는 것처럼 그랜드 캐니언을 관통하는 콜로라도강은 전반적으로 느린 침식하천의 특징인 사행 혹은 자유곡류(自由曲流) 패턴을 보여준다. 대홍수가 나게 되면 그랜드 캐니언과 같이 깊고 구불구불한 사행천(蛇行川, meandering river) 혹은 자유곡류하천(自由曲流河川)이 아니라 넓고 상대적으로 얕은 하상이 형성된다. 하지만 그랜드 캐니언은 아래 그림에서 보여주는 바와 같이 전형적인 사행 패턴을 보여준다. 특히 그랜드 캐니언보다 위쪽에 있는 콜로라도강 상류는 심한 사행천의 형태를 보여준다.

▌그림 2 / 유타 주 캐니언랜즈 국립공원을 흐르는 콜로라도강 상류(보우낫 벤드 인근)의 인공위성 사진[7]

---

[7] http://www.independent.co.uk/news/science/grand-canyon-may-actually-be-only-six-million-years-old-scientists-claim-9087466.html

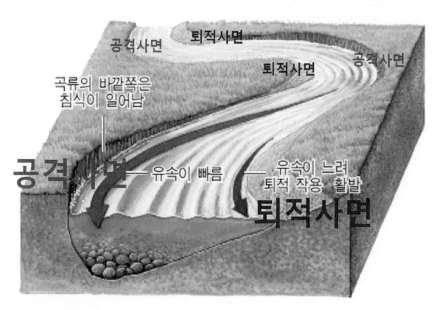

공격사면　　퇴적사면

퇴적사면　　공격사면

곡류의 바깥쪽은
침식이 일어남

공격사면 ── 유속이 빠름 ── 유속이 느려
　　　　　　　　　　　　　퇴적 작용 활발

퇴적사면

┃ 그림 3 / 공격사면과 퇴적사면

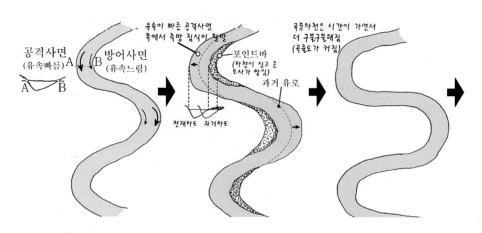

공격사면
(유속빠름) A　B 방어사면
(유속느림)

A　　B

유속이 빠른 공격사면
쪽에서 측방 침식이 활발

포인트바
(하천이 실고 온
토사가 쌓임)

과거 유로

현재하도 과거하도

곡류하천은 시간이 가면서
더 구불구불해짐
(곡률도가 커짐)

┃ 그림 4 / 자유곡류하천의 발달

사행천 혹은 자유곡류하천에 대해 몇 가지를 살펴보자. 사행천은 구불구불 흐르면서 측방침식(側方浸蝕)을 통해 지형을 변화시킨다. 이때 강물은 구불거리는 바깥쪽을 깎는데 이로 인해 형성된 가파른 지형을 공격사면(攻擊斜面, undercut slope)이라고 하며 수심이 깊다. 반면에 구불거리는 안쪽은 퇴적작용이 활발해서 퇴적사면(堆積斜面) 혹은 방어사면(防禦斜面)이라고 부르는데 경사가 완만하고 수심이 얕다. 이런 경우 물이 흐르면서 갑자기 강이 넓어지거나 하구에 이르게 되면 유속이 느려지면서 강 가운데 퇴적물이 쌓여 섬이 만들어지는데 이를 하중도(河中島, river island, river archipelago)라고 한다.

사행천의 바깥쪽(공격사면)은 수심이 깊어 하도가 본류와 차단되더라도 한동안 물이 고여 있기도 한데, 이를 우각호(牛角湖, oxbow lake)

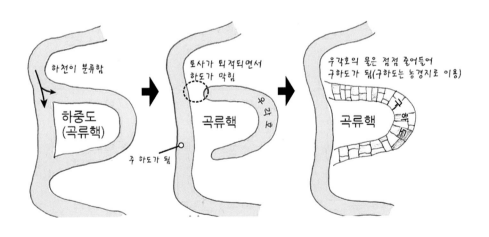

라고 한다. 우각호는 과거에 강의 일부였던 호수라서 하적호(河跡湖, riverbed lake)라고도 한다. 우각호는 시간이 지나면서 수량이 감소하여 점차 말라가는데 이를 구하도(舊河道, old river channel)라고 한다. 구하도에는 과거에 물이 흐르면서 마모된 둥근 자갈을 찾아볼 수 있다. 역으로 물은 없지만 둥근 자갈이 많이 나오는 곳은 구하도일 가능성이 높다.

사행천 혹은 자유곡류하천은 평야를 자유롭게 구불구불 흐르는 하천인데 비해 산과 산 사이의 골짜기를 구불구불 흐르는 하천을 감입곡류하천(嵌入曲流河川, incised meander)이라고 부른다. 감입곡류하천은 평지에서 자유롭게 흐르던 자유곡류하천이 지반의 융기나 침식기준면의 하강으로 원래의 수로를 유지하면서 하도를 깊게 파서 깊은 골짜기를 형성한 하천을 말한다. 지질학적으로는 단단해서 침식이 어려운 화강암 지역보다는 퇴적암, 편마암 지역에서 형성되는 경우가 많고, 작은 하천보다는 본류나 큰 지류 등 큰 하천에서 많이 나타난다.

이러한 하천의 침식과정에 대한 기본적인 지식을 가지고 살펴보면 그랜드 캐니언은 천천히 흐르는 침식하천이 보여주는 대부분의 특징을 그대로 갖고 있다. 그랜드 캐니언의 사행 패턴은 그랜드 캐니언의 남쪽림에 잠시 서서 설명을 듣는 정도로는 전혀 알 수 없다. 하지만 공중사진이나 인공위성 사진을 보면 그랜드 캐니언은 물에 의해 천천히 퇴적되거나 흐르는 강물에 의해 침식될 때 형성된 전형적인 수로임을 쉽게 알 수 있다.

글렌 캐니언의 우각호

두 번째 증거는 우각호의 존재다. 아래 그림은 사행천에서 일어나는 우각호 형성 과정을 보여주고 있다. 그림에서 S자 형태의 바깥쪽은 유속이 빨라서 측방침식 작용이 강하게 일어나고(공격사면 형성), 안쪽에서는 유속이 느려서 퇴적 작용이 활발하다(퇴적사면 형성). 이러한 침식과 퇴적 작용이 오랜 시간 동안 일어나게 되면 구불구불한 정도가 더욱 심해지고, 나중에는 그림과 같이 강의 하류에서 강줄기 일부가 떨어져 나와 쇠뿔 모양의 호수가 형성되기도 한다. 이러한 호수를 쇠뿔 모양을 하고 있다고 해서 우각호(牛角湖)라 부른다.

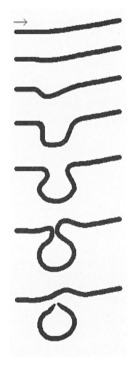

┃ 그림 5 / 사행천에서 우각호가 만들어지는 과정

그랜드 캐니언 북쪽에서 글렌 캐니언(Glen Canyon)으로 가는 길목
에 있는 말굽벤드(Horseshoe Bend)는 이름 그대로 오랜 세월에 걸쳐 침

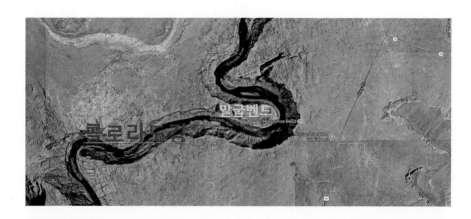

▌ 그림 6 / 그랜드 캐니언 북쪽에서 글렌 캐니언으로 가는 89번 고속도로변의 말굽벤드와 주변의 나바호 사암 (ⓒPY)

식되어 지형이 말굽 형태로 깎인 전형적인 우각호 형성의 마지막 단계를 보여준다. 글렌 캐니언에 있는 이 말굽벤드는 깊이 깎인 채 사행하는(entrenched meander) 콜로라도강의 일부다. 그림 6에서 콜로라도강은 그림의 오른쪽으로부터 흘러들어와서 270도를 곡류한 후 왼쪽으로 빠져나간다.

말굽벤드를 둘러싸고 있는 절벽의 오렌지색 바위는 나바호 사암(Navajo Sandstone)인데 사암층의 크기로는 미국 최대를 자랑한다. 이 사암층은 중생대 쥬라기의 모래언덕(砂丘, sand dune)에서 유래했으며, 애리조나주 북부에서 와이오밍주까지 뻗쳐있고, 두께가 무려 610m에 이른다. 이 거대한 사암층은 절벽 꼭대기 일부를 제외하면 전체적으로 매우 단단한 암석으로 이루어져 있다. 이러한 현재의 말굽벤드의 모습은 물과 바람이 오랜 세월에 걸쳐 노출된 사암층에 부딪치면서 (사암을 이루는 입자들을 단단히 결합시키고 있는) 탄산칼슘(calcium carbonate)을 녹이면서 지금과 같이 거대한 계곡을 침식시켰다고 해야 설명할 수 있다.

이러한 우각호의 형성은 말굽벤드에서만 볼 수 있는 것이 아니다. 콜로라도강 상류에 있는 지류 그린강(Green River)에도 있다. 그린강에 형성된 보우낫 벤드(Bowknot Bend)나 우각호의 존재는 일회적인 거대한 홍수로서는 도무지 설명할 수 없다. 만일 콜로라도강 유역의 여러 캐니언이 불과 1년 미만의 거대한 홍수에 의해 급속히 퇴적, 침식되었다면 이런 형태의 계곡이 만들어지지 않는다는 말이다. 우각호는 오랜 세월 동안 강이 자유곡류한 결과라는 설명 외 다른 설명을 할 수 없다.

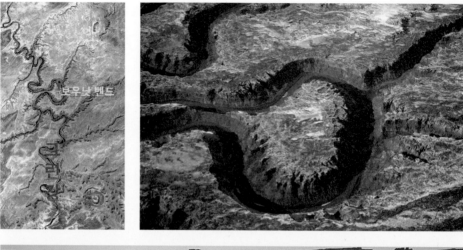

▌그림 7 / 콜로라도강 상류에 있는 지류 그린강에 형성된 보우낫 벤드(위)와[8] 우각호[9]

---

8 https://commons.wikimedia.org/wiki/File:Bowknot_Bend_on_the_Green_River_UT.jpg.

9 https://www.nps.gov/cany/learn/nature/geologicformations.htm

또 다른 예로 콜로라도강의 상류이자 유타주 남동부의 구스넥스 주립공원(Goosenecks State Park)을 관통해 흐르는 산후안강(San Juan River)을 들 수 있다. 그림 8에서 보여주는 바와 같이 이곳에는 깊이 300m, 길이 8km의 강이 흐르는데 이는 아주 전형적인 감입곡류(incised meander)의 형태를 보여주고 있다. 이처럼 심한 감입곡류 지형은 단기간의 거대한 단일 홍수로는 도무지 설명할 수 없으며, 오랜 기간에 걸쳐 지각이 천천히 융기하면서 침식되었다고 설명할 수밖에 없다.

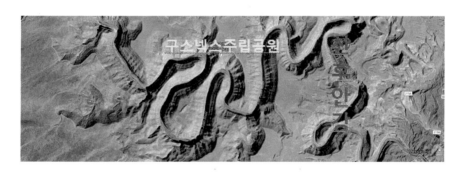

▌그림 8 / 그랜드 캐니언의 상류에 있는 콜로라도강의 지류 산후안강과 구스넥스 주립공원[10]

비슷한 사행 패턴은 구스넥스 주립공원에서 멀지 않은 설퍼 크릭(Sulphur Creek)에서도 볼 수 있다. 그림 9는 설퍼 크릭을 보여주고 있다. 콜로라도강 상류에 있는 지류의 하나이자 유타주에 있는 설퍼 크릭은 비가 올 때를 제외하면 평소에는 물이 흐르지 않는 건천(乾川)이며, 이의 사행패턴은 하상에서 244m 높이에 있는 구스넥스 전망대(Goosenecks Point)에서 잘 확인할 수 있다.

200m 이상의 절벽 아래를 흐르는 설퍼 크릭 절벽은 크게 세 지층으로 구성되어 있다. 가장 아래에는 화이트림 사암(White Rim Sandstone)이 있다. 이는 과거에 해안가의 모래 언덕(sand dunes)이었으며, 2.8억 년의 연대를 보여주고 있다. 그 위에는 얕은 바다 퇴적물로 이루어진 카이바브 석회암(Kaibab Limestone)이 있으며, 2.7억 년의 연대를 보여준다. 마지막으로 구스넥스 전망대에 가장 가까운 맨 위 지층은 모엔코피 지층(Moenkopi Formation)인데 이 지층은 얕은 바다와 홍적평야에서 실려 온 진흙과 모래로 이루어져 있으며, 2.45억 년외 연대를 보여준다.

---

10 (위) https://en.wikipedia.org/wiki/Goosenecks_State_Park#/media/File:GooseneckMeandersUtahAerial1.jpg,
(아래) https://upload.wikimedia.org/wikipedia/commons /0/01/2009-08-20-01800_USA_Utah_316_Goosenecks_SP.jpg에서 인용. 구스넥스 주립공원과 인근 Mexican Hat의 심한 사행을 보여주는 다른 사진들을 보려면 다음 웹사이트를 보라: http://www.americansouthwest.net/utah/mexican_hat/goose2_l.html and http://www.americansouthwest.net/utah/mexican_hat/goose_l.html

모엔코피 지층

Moenkopi Formation
- ~245 million years old
- mud and sand from shallow seas and floodplains

tinues to
f the Colorado
ers, and
eau, for about
or the
Goosenecks.

a
ace
hur

카이바브 석회암

캐피톨 모래를

ring
lar
The

화이트림 사암

Kaibab Limestone
- ~270 million years old
- shallow sea deposits

Capitol Reef   Gr

nt

설파라릭

d, is
tes
of
ek

White Rim Sandstone
- ~280 million years old
- coastal sand dunes

Sulphur Creek

▌그림 9 /구스넥스 전망대의 세 지층과 사행

이 설퍼 크릭의 심한 사행 패턴을 설명하는 데는 두 가지 이론이 있다. 첫째 이론은 설퍼 크릭이 수 백 내지 수 천 m 높이의 고원지대 위에서부터 점진적인 사행 패턴의 침식작용을 계속해서 아래 암층까지 침식시켰다는 주장이다. 둘째 이론은 위에서부터 아래로 설퍼 크릭이 침식작용을 하다가 단단한 암석층 내의 부서진 부분(angular fracture)을 만나면 그 부서진 암석층의 방향을 따라 물의 흐름이 바뀌어 새로운 침식 패턴이 만들어졌다는 주장이다.

필자는 이 두 이론 중 첫 번째 이론이 자연스럽다고 생각한다. 만일 두 번째 이론이 맞다면 설퍼 크릭이 곡류로 변하는 지점에 항상 물의 흐름을 바꾸어주는 암석의 부서진 부분이 있어야 한다. 하지만 구스 넥스 전망대 인근의 설퍼 크릭의 사행주기가 일정한 것을 보면 일반적인 사행 패턴, 즉 처음에 형성된 사행 패턴이 아래로 침식되어 내려가면서 그대로 유지된 것으로 보인다.

중요한 것은 첫 번째 이론이 맞든, 두 번째 이론이 맞든 불과 4,400년 전에 1년 미만의 전 지구적 홍수에 의해 형성된 것은 아니라는 점이다. 만일 설퍼 크릭의 침식이 대홍수에 의해 단기간에 이루어졌다면 지금과 같은 심한 사행 패턴 대신, 직선에 가까운, 그것도 하나가 아닌 여러 수로가 평행하게 형성되었어야 한다. 이 문제는 4장의 수로 형성 모델을 통해 좀 더 자세히 살펴볼 것이다.

그랜드 캐니언의 비대칭 횡단면

세 번째 증거는 그랜드 캐니언 횡단면의 비대칭이다. 앞에서 말한 것처럼 그랜드 캐니언에서 콜로라도강으로부터 북쪽림까지의 경사는 완만하고 폭이 넓지만, 남쪽림까지의 경사는 급하고 폭이 좁다. 이는 그랜드 캐니언이 차별침식(差別浸蝕, differential erosion)을 통해 현재와 같은 계단 모양의 비대칭 계곡이 되었음을 의미한다.[11] 이는 캐니언 북쪽에 내린 빗물이 경사를 따라 북쪽림을 통해 캐니언 안으로 흘러들면서 캐니언 북쪽벽을 침식시킨 반면, 캐니언 남쪽에 내린 빗물은 캐니언 안으로 흘러들어가지 않았기 때문이다. 이로 인해 그림 10이 보여주는 것처럼 콜로라도강을 기준으로 캐니언의 폭이 남쪽보다 북쪽이 더 넓어졌다.

콜로라도강의 침식에 의해 형성되는 그랜드 캐니언의 횡단면은 크게 세 부분으로 구분된다(그림 10에서 ④~⑨). 첫째는 선캄브리아기 지층으로서 현재 콜로라도강이 흐르고 있는 가장 아래 부분이다. 비슈누 편암(Vishnu Schist, 그림 10에서 ⑦) 등으로 이루어져 있는 이곳 기반암

---

11 차별침식 등 그랜드 캐니언을 이해하는 데 필요한 기본적인 지질학적 용어들은
   양승영 편, 《지질학 사전》 2판(교학연구사, 2001)을 참고하기 바란다.

그랜드 캐니언의 차별침식
(Differential Erosion)

단단한 암석은
침식을 적게 받음
(예: 석회암층)

연한 암석은
침식을 많이 받음
(예: 셰일 퇴적층)

북쪽림 North Rim

South Rim 남쪽림

고생대퇴적암들

비슈누기반암

Layered Paleozoic

Vishnu Basement

① Kaibab Formation
② Toroweap Formation
③ Coconino Sandstone

④⑤ Kwagunt Formation
Galeros
⑥ Formation

대부정합

Grand Canyon Supergroup

⑦ Vishnu Schist

⑧ Cremation Pegmatite

⑨ Elves Chasm Gneiss

빗물의 흐름
많음

빗물의 흐름
적음

콜로라도강

◀── 폭이 넓다 ──▶ ◀─ 폭이 좁다 ─▶

┃ 그림 10 / 그랜드 캐니언의 차별침식 원리 [12]

────────

12 https://ko.wikipedia.org/wiki/GrandCanyonErosion.png

(Basement Rock Layer)은 단단한 암석으로 형성되어 있으며, 천천히 침식되고 있다. 이 침식은 콜로라도강이 해수면과 같은 높이가 될 때까지 천천히 진행될 것이다.

이 기반암과 바로 위 태피츠 사암 사이에는 유명한 대부정합(大不整合, Great Unconformity)이 있고,[13] 그 위에는 물과 바람 등에 의해 비교적 쉽게 침식되는 고생대 퇴적암들(그림 10에서 ①~③)이 있다. 그림 11에서 보여주는 것처럼 이들 중 대부정합 위 고생대 퇴적암들은 처음에는 구별 없이 침식되다가 어느 정도 침식이 진행되어 캐니언이 넓어지게 되면 차별침식을 통해 비교적 경사가 완만한 테라스 지역과 경사가 가파른 절벽 지역으로 나누어지게 된다. 즉 절벽을 이루는 지층들은 강도가 서로 달라서 물과 바람 등에 의해 서로 다른 속도로 침식된다. 덜 단단한 지층이 먼저 침식되면 그 위에 있는 더 단단한 지층이 무너지면서 계단형 지형 혹은 꽤 가파른 절벽이 만들어지기도 한다. 그림 11은 시간에 따른 차별침식의 진행 과정을 보여준다.

이러한 3층 구조의 캐니언 횡단면은 남쪽림(South Rim)이나 북쪽림(North Rim) 모두에서 관찰되나 그림 11에서 보여주는 것처럼 콜로라도강에서 거리가 먼 북쪽림에서 더 분명하게 나타난다. 처음에는 남쪽림이나 북쪽림이 거의 대칭으로 침식되다가 오랜 시간이 지난 후

---

13 부정합(不整合, unconformity)이란 지질구조가 연속적으로 나타나지 않고 오랜 시간의 단절이 있은 후 퇴적된 지질 구조를 말하는데 그랜드 캐니언 등에서 볼 수 있는 고생대 캄브리아기와 선캄브리아기 사이의 부정합을 대부정합이라고 부른다.

North Rim

절벽

The Sides Fail In
Erosion of differing rock layers creates
the canyon's stair-step shape.
Softer, slope-forming layers erode
more easily, undermining harder,
cliff-forming layers above. Gravity
pulls down the undercut cliffs, causing
them to retreat.

테라스

A Firm Foundation
Terraces of relatively young rock layers
sit on the dense, ancient Basement
Rocks, through which the Colorado
River now cuts its V-shaped inner gorge.

Colorado
River

기반암

테라스

절벽

Dynamic Balance
Drawn down by gravity, the river erodes
toward sea level—the river's end. The
side streams follow but can erode only as
deep as the Colorado River's elevation.

▌그림 11 / 그랜드 캐니언의 차별침식 과정[14]

에는 북쪽림이 남쪽림보다 더 경사가 완만하게 침식된다.

이것을 좀 더 뚜렷하게 보이게 하려고 그림 12와 같이 수평거리를 나타내는 가로축을 mile(마일)로, 해발고도를 나타내는 세로축을 ft(피트)로 표시해(1000ft 단위로) 그랜드 캐니언의 횡단면을 표시해보자. 위 두 그림에 비해 남쪽림과 북쪽림의 방향이 바뀌었음에 유의해서 보면 왜 남쪽림 쪽의 절벽이 더 경사가 급한지를 쉽게 알 수 있다.

결론적으로 그랜드 캐니언 횡단면의 뚜렷한 비대칭은 단 한 번의 전 지구적 홍수에 의해서는 도무지 설명할 수 없다. 만일 짧은 기간

---

14 그랜드 캐니언 국립공원 내 야바파이 지질학 박물관 및 서점(Yavapai Geological Museum and Bookstore)에 있는 설명이다.

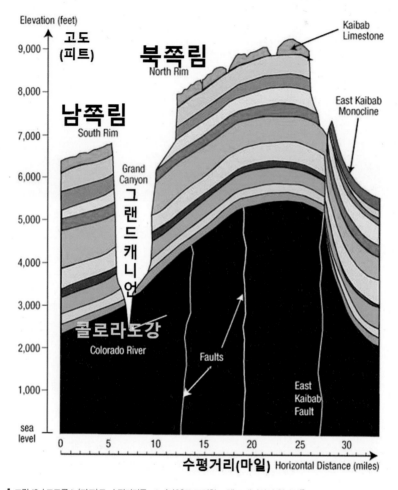

| 그림 12 / 고도를 ft (피트)로, 수평거리를 mile (마일)로 표시한 그랜드 캐니언의 횡단면[15]

---

15 Brown, *In the Beginning: Compelling Evidence for Creation and the Flood,*
8th edition, (Center for Scientific Creation, 2008), 186면에서 재인용.

대홍수에 의해 그랜드 캐니언이 형성되었다면 콜로라도강을 중심으로 남쪽림까지와 북쪽림까지의 모습이 거의 대칭이어야 한다. 현재의 그랜드 캐니언의 비대칭적 침식은 지질학자들의 결론과 같이 북쪽림을 통해 오랫동안 빗물이 협곡으로 흘러들어가면서 천천히 침식되어 형성된 것임을 분명히 보여주고 있다.

그랜드 캐니언의 두꺼운 퇴적층

네 번째 증거는 그랜드 캐니언의 두꺼운 퇴적층이다. 그랜드 캐니언은 침식계곡이어서 지금까지 그랜드 캐니언이 어떻게 침식되었을까를 중심으로 살펴보았다. 하지만 침식과 더불어 그랜드 캐니언의 퇴적도 일회적인 대홍수만으로는 도무지 설명할 수 없다. 대홍수론에서는 고생대 이후 모든 지층이 짧은 노아 홍수에 의해 만들어졌다고 주장한다. 즉 대홍수론에서는 그림 13과 같은 그랜드 캐니언의 선캄브리아기 지층 위, 약 1km에 이르는 두꺼운 고생대, 중생대 지층이 모두 1년 미만의 노아 홍수 때 퇴적되었다고 주장한다. 정말 그럴까?

첫째, 노아 홍수와 같이 오래되지 않은 홍수에 의해 퇴적된 지층은 짧은 시간 동안 암석화가 일어날 수 없다. 만일 그랜드 캐니언이 굳지 않은 퇴적층이 침식되어 만들어진 것이라면 캐니언 양쪽 벽의 함몰 현상이 나타나야 한다. 즉 아직 암석화되지 않은, 부드러운 흙으로만 이루어진 지역에 거대한 홍수가 나고 이로 인해 급격한 침식이 일어났다면 침식으로 형성된 수로의 양쪽 언덕은 그대로 무너져야 한다. 하지만 캐니언의 계곡 벽면은 전형적인 느린 침식의 흔적만을 보여주고 있다.

그랜드 캐니언의 아래쪽 벽은 심하게 변성작용을 받은 비슈누 층군(Vishnu Group)의 변성암이 침식된 것이며, 이 비슈누 층군은 위에 있는 퇴적암들과 대부정합에 의해 분리되어 있다. 대부정합은 경사부정합(傾斜不整合, clinounconformity)의 형태를 취하고 있으며,[16] 그 아래에 있는 조로아스터 화강암(Zoroaster Granite. 그림 13에서 ⑰번)은 비슈누 층군(그림 13에서 ⑯번) 속으로 관입하고 있다.

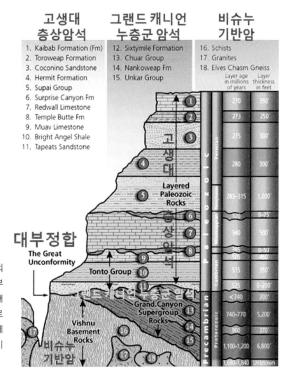

그림 13 / 그랜드 캐니언의 지층도.[17] 태피츠 사암으로부터 카이바브 층에 이르는 11개의 주요 지층의 각각은 서로 다른 시기의 서로 다른 격변에 의해 퇴적되었다고 보는 것이 자연스럽다.

둘째, 그랜드 캐니언 지층은 지층마다 매우 선명한 차이를 보여주고 있다. 하지만 각 지층 내에서는 비교적 균일한 조성을 갖고 있다. 이러한 균일한 조성은 가장 아래에 있는 태피츠 사암(Tapeats Sandstone, 그림에서 ⑪번)으로부터 가장 꼭대기의 카이바브 층(Kaibab Formation, 그림 13에서 ①번)에 이르는 11개의 지층 모두에서 볼 수 있다. 이는 이 11개의 지층이 서로 다른 시기, 서로 다른 격변적 상황에서 급격하게 형성되었음을 보여준다. 그랜드 캐니언의 지층 하나하나는 급격히 형성되었다고 할 수 있지만, 모든 지층이 한꺼번에 짧은 기간 형성되었다는 대홍수론의 증거는 존재하지 않는다.

그랜드 캐니언에서 가장 오래된 지층은 18.4억 년이나 되었다. 이렇게 오래전에 퇴적된 지층들은 변성작용을 받기도 하고 화강암에 의해 관입(貫入, intrusion)을 받기도 해[18] 오늘 우리가 보는 비슈누 기반

---

16 부정합에는 부정합면을 경계로 양쪽의 지층이 평행한 평행부정합(平行不整合, disconformity), 부정합면을 경계로 양쪽의 지층이 경사를 이룬 경사부정합(傾斜不整合, clinounconformity), 부정합면 아래쪽의 지층이 땅 속 깊은 곳에서 생성된 심성암이나 변성암이고 이들이 지표면으로 나와 침식 작용을 받은 다음, 그 위에 퇴적 물질이 쌓인 난정합(難整合, nonconformity) 등 세 종류가 있다. 경사부정합은 사교부정합(斜交不整合)이라고도 한다.
17 미국 내무부(United States Department of the Interior)가 발표한 "Stratigraphy of the Grand Canyon," http://www.nature.nps.gov/geology/parks/grca/age/image_popup/yardstickstratcolumn.png
18 관입이란 원래 존재하던 암석을 마그마가 뚫고 들어가는 것을 일컫는 지질학적 용어이다. 마그마가 암석 내에 관입해서 암석 내부에서 굳어진 암석을 관입암(貫入巖, intrusive rock)이라 한다. 일반적으로 관입은 지하 깊은 곳에서 일어남으로 마그마가 식어 암석이 되는 시간이 길어 결정의 크기가 큰 조립질 암석이 된다.

암(Vishnu Basement Rock, 그림 13에서 ⑯, ⑰, ⑱번)이 되었다. 다른 퇴적층들은 후기 원생대(原生代, Proterozoic era)에 퇴적되었고,[19] 이어 암석을 휘게 하는 습곡작용(褶曲作用, folding), 지층이 갈라져 어긋나는 단층(斷層, fault), 암석이나 지층을 깎아내는 침식작용(浸蝕作用, erosion)이 일어났다. 고생대와 중생대에서는 더 많은 퇴적이 이루어졌고, 그 사이에서는 침식도 이루어졌다.

앞에서 언급한 것처럼 콜로라도 고원은 7,000만 년 전에 천천히 융기하기 시작했고,[20] 융기하면서 침식기준면은 점점 낮아졌다. 따라서 이미 존재하던 강은 점점 깊어졌고, 강물은 이미 퇴적된 지층을 더 빨리 침식시키면서 오늘날과 같은 그랜드 캐니언을 형성하였다. 이처럼 그랜드 캐니언은 오랜 세월 동안 천천히 침식된 것으로 설명하는 것이 자연스럽다. 즉 지층의 침식은 동일과정설(同一過程說, uniformitarianism)로 설명하는 것이 자연스럽다.

하지만 지층이 퇴적된 것을 보면 동일과정설에서 주장하는 것처럼 천천히 쌓였다기보다는 여러 차례의 격변에 의해 갑자기 형성되었다고 설명하는 것이 자연스럽다. 즉 전체 지층이 퇴적되는 데는 오랜 세월이 걸렸지만, 각각의 지층은 갑작스럽게 빠른 속도로 퇴적되었다고 볼 수 있다. 다시 말해 지층과 지층 사이에서는 오랜 시간이 경과했지만 지층 하나하나가 퇴적되는 것은 짧은 시간 동안 퇴적되었다는 것이다. 그 증거는 무엇일까?

우선 그랜드 캐니언의 지층 중에는 하나의 지층이 100m를 넘는 경우가 여럿 있다는 점을 들 수 있다. 예를 들면 아래로부터 브라이트 엔젤 셰일(Bright Angel Shale, 104m), 무아브 석회암(Muav Limestone, 137m), 레드월 층(Redwall Formation, 153m), 수파이 층군(Supai Group, 305m), 코코니노 사암(Coconino Sandstone, 104m), 카이바브 층(Kaibab Formation, 92~122m) 등은 각각의 지층 두께가 100m를 넘는다. 그 중에서도 수파이 층군은 단일 지층이 무려 305m에 이른다.

홍미로운 것은 그 두꺼운 지층의 아래 경계에서 위 경계에 이르는, 지층을 구성하는 조성이나 입자의 크기가 크게 다르지 않다는 사실이다. 각각의 지층이 두껍지만 한 지층의 아래에서 위까지 동일한 조성과 비교적 균일한 입자로 이루어져 있다는 것은 무엇을 의미하는가? 만일 이 지층 하나하나가 수백만 내지 수천만 년에 걸쳐 천천히 퇴적되었다고 한다면 그 긴 시간동안 처음부터 끝까지 거의 동일한 조성과 입자의 크기로 이루어져 있다는 것을 설명하기 어렵다. 비록 그랜드 캐니언의 모든 지층은 오랜 시간적 간격을 두고 퇴적되었을 수 있지만, 지층 하나하나는 몇 달 혹은 몇 년의 짧은 기간 동안 매우 급격하게 퇴적되어 형성되었다고 보는 것이 자연스럽다.[21]

---

21 이를 흔히 다중격변설이라고 부른다. cf. 양승훈, 《다중격변창조론》 (SFC, 2011).

본류와 수직으로 만나는 지류들

다섯 번째 증거는 본류 콜로라도강과 그것의 지류들이 만나는 각도다. 그림 14에서 보는 것과 같이 그랜드 캐니언에는 여러 지류가 있다. 커다란 몇몇 지류만 살펴보더라도 동쪽에 있는 리틀 콜로라도강(Little Colorado River)으로부터 시작해 케이납 크릭(Kanab Creek), 하바수 크릭(Havasu Creek) 등을 들 수 있다. 이들 지류도 수 백 m 깊은 계곡 바닥을 흐른다. 이 지류들은 그랜드 캐니언의 주 계곡을 흐르는 콜로라도강과 대체로 수직에 가까운 각도로 만난다.

만일 그랜드 캐니언이 단기간의 노아 홍수에 의해 만들어졌다면, 그리고 노아 홍수 때 물이 포웰 호수(Lake Powell)에서 미드 호수(Lake Mead) 쪽으로 매우 빠른 속도로 빠졌다면, 콜로라도강과 지류들은 이처럼 거의 수직으로 만날 수가 없으며 하류를 향해 비스듬하게 만나야 한다. 이들 몇몇 커다란 지류 외에도 크고 작은 많은 지류도 대부분 콜로라도강과 거의 수직으로 만난다. 이것은 무엇을 말하는가? 이것은 명백히 지류들이 오랜 세월에 걸쳐 천천히 침식되었음을 보여준다.

그랜드 캐니언
(콜로라도강)
의 주요 지류들

   큰 지류로 흘러들어오는 작은 지류(지지류)들도 큰 지류와 수직에
가까운 각도로 만난다. 한 예로 그랜드 캐니언 내 몇몇 주요 지류 중
케이납 크릭과 케이납 크릭으로 흘러들어가는 지류들을 살펴보자.
케이납 크릭의 지류들이 케이납 크릭과 만나는 각도를 보면 케이납
크릭이 콜로라도강과 만나는 것과 비슷하게 거의 수직으로 만나는
것을 볼 수 있다.

   홍수가 났을 때 새로 형성되는 수로에서는 지류가 본류를 비스듬
한 각도로 만난다. 홍수의 규모가 급격할수록, 홍수의 유속이 빠를수
록 급격한 침식이 일어나며 지류와 본류가 만나는 각도는 작아진다.

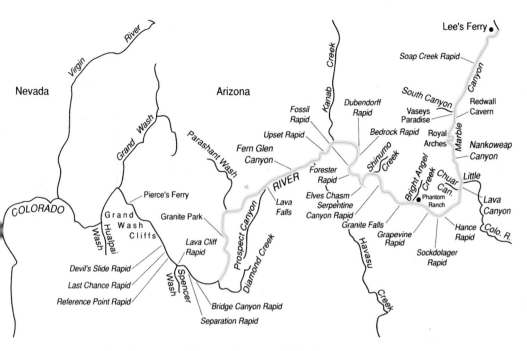

Nevada

Arizona

Virgin River

Grand Wash

COLORADO

Grand Wash Cliffs

Hualpai Wash

Pierce's Ferry

Granite Park

Devil's Slide Rapid

Last Chance Rapid

Reference Point Rapid

Lava Cliff Rapid

Spencer Wash

Bridge Canyon Rapid

Separation Rapid

Parashant Wash

Prospect Canyon

Diamond Creek

RIVER

Fern Glen Canyon

Fossil Rapid

Upset Rapid

Forester Rapid

Lava Falls

Elves Chasm

Serpentine Canyon Rapid

Granite Falls

Grapevine Rapid

Sockdolager Rapid

Kanab Creek

Dubendorff Rapid

Bedrock Rapid

Shinumo Creek

Havasu Creek

Bright Angel Creek

Phantom Ranch

Vaseys Paradise

South Canyon

Soap Creek Rapid

Lee's Ferry

Canyon

Redwall Cavern

Royal Arches

Marble

Chuar Can.

Nankoweap Canyon

Little

Lava Canyon

Hance Rapid

Colo. R.

┃ 그림 14 / 그랜드 캐니언에 흐르는 콜로라도강과 주요한 지류들

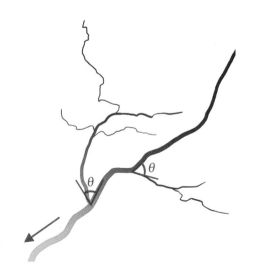

┃ 그림 15 / 본류와 지류가 만나는 각도.
굵은 선은 본류, 가는 선은 지류를 나타
낸다.

91

반면 유속이 느리고 느린 침식이 일어날수록 본류와 지류는 점점 수직에 가깝게 만난다. 이것을 설명하기 위해 그림 15를 생각해 보자.

그림 15에서 본류와 지류가 만나는 각도 θ는 본류와 지류의 유속이 빠를수록, 다시 말해 침식 속도가 빠를수록 작아진다. 반대로 유속이 느리고 침식 속도가 늦어지면 본류와 지류는 직각에 가깝게 만난다.

콜로라도강 지류들이 대부분 본류와 수직에 가까운 각도로 만난다는 것은 무엇을 말하는가? 이는 콜로라도강 지류들이 오래 세월에 걸쳐 천천히 침식되었음을 의미한다. 만일 그랜드 캐니언이 대홍수에 의해 짧은 시간 동안 급격하게 침식되었다면 후에 살펴볼 미국 북서부 지역의 미졸라 빙하홍수 흔적이나 화성 표면에서의 홍수 흔적과 같은 망상하천(網狀河川, braided stream) 패턴을 보여주어야 한다. 망상하천이란 수로가 얽히고 섞여 망상을 이룬 하천을 말한다. 이 문제는 수로 형성 모델을 다루는 4장에서 좀 더 자세히 다룬다.

풍성층의 존재

여섯 번째 증거는 풍성층(風成層, aeolian deposit)의 존재다.[22] 지질학자들은 그랜드 캐니언의 고생대 지층들은 해변에서, 따뜻하고 얕은 물 속에서, 혹은 바닷물이 들어오는 해침(海侵)과 물러가는 해퇴(海退)를 반복하면서 형성된 습지에서 퇴적된 것으로 해석한다. 그런데 흥미롭게도 고생대 페름기(Permian)에 형성된 코코니노 사암층(Coconino Sandstone)에는 그림 16과 같이 지질학적으로 바람에 불려온 모래가 쌓여서 형성된 모래언덕(砂丘, aeolian sand dune)의 증거가 남아 있다. 그러면 코코니노 사암을 풍성층이라고 보는 증거는 무엇인가?[23]

첫째, 코코니노 사암에서 볼 수 있는 층리면(層理面, bedding plane)이 매우 가파르다는 점을 들 수 있다. 그림 17에서 볼 수 있는 것처럼 코코니노 사암의 층리면에서 볼 수 있는 사층리(斜層理, cross-bedding)는 거의 수직에 가깝다. 사층리는 한 사구(砂丘, dune)의 모래가 다른 방향

---

22 풍성층(風成層)이란 바람에 의한 침식으로 생긴 암석의 쇄설물이 육지 위에 퇴적한 토양, 지층, 암석을 말한다. 일반적으로 입자가 고르며 사구(砂丘)나 사막을 이루는 사암층, 화산재층이 이것에 속한다.

23 L. Greer Price, *An Introduction to Grand Canyon Geology* (Grand Canyon, AZ: Grand Canyon Association, 1999), p.33.

┃ 그림 16 / 코코니노 사암층의 퇴적 환경 상상도

(각도)으로 형성되는, 또 다른 사구의 모래에 의해 덮이는 지역에 나타 난다.[24] 코코니노 사암층은 시간이 지남에 따라 얼어붙은 사막 사구처 럼, 이러한 사층리들로 가득 차 있다.[25] 이것은 물이 아니라 바람에 의 해 퇴적된, 다시 말해 과거 모래언덕이 시간이 경과하면서 엉겨 붙었 거나 얼어붙은 사암에서 볼 수 있는 전형적인 특징이다.

코코니노 사암층이 육성층이라는 또 다른 증거는 지층을 이루는 모래 입자들이 건조한 사막 환경에 오랫동안 노출된 특징을 보여준 다는 점이다. 사암층을 이루는 모래 입자 표면은 사막 환경에 오랫동 안 노출된 탓에 무광택화(frosting)가 일어났으며 얽은 자국(pitting)이

---

24 층리란 퇴적암에서 층을 이루는 입자의 크기, 색, 조성 구조 따위가 달라서 생기 는 결을 말하며, 층리면이란 개별 지층(bed)과 지층 사이의 경계면을 말한다. 사층 리란 지층의 층리가 주된 층리면과 비스듬하게 만나는 층리를 말한다. 사구란 바 람에 의해 운반된 모래가 쌓여서 만들어진 언덕을 말한다.

25 L.T. Middleton, D.K. Elliott, and M. Morales, "Coconino Sandstone," *Grand Canyon Geology*, S.S. Beus and M. Morales, eds., (Oxford University Press, New York, and Museum of Northern Arizona Press, 1990) Ch. 10, pp. 183~202.

┃ 그림 17 / 코코니노 사암층의 수직에 가까운 사층리 (ⓒPY)

있다. 무광택화란 바람에 의해 날렸던 수많은 모래 입자가 부딪쳐서 광물 표면의 광택이 지워지는 현상을 말한다. 이것은 대부분의 사막 모래에서 볼 수 있는 현상이다. 코코니노 사암층과 오늘날의 사막 모래 사이의 이런 유사성은 오래전의 사막이 코코니노 사암층을 형성했다는 중요한 증거의 하나로 받아들여지고 있다.[26]

둘째, 코코니노 사암이 풍성층임을 보여주는 가장 직접적인 증거는 화석이다. 그림 18에서 볼 수 있는 것처럼 코코니노 사암에는 육지에 살았던 파충류들의 발자국 화석을 포함해서 육상 척추동물, 무척추동물들의 흔적화석이 많이 발견되고 있다. 이 화석들은 중생대에 등장한 공룡들보다 오래되었고, 작은 동물들의 것이었다.

코코니노 사암에서는 바다생물의 화석이 존재하지 않는다. 코코니노 사암층은 두께가 거의 100여 m에 이르는 두꺼운 지층이며, 아래위 지층에서는 바다 생물의 화석이 많이 출토된다. 그런데 유독 두꺼운 코코니노 사암에서 바다 생물의 화석이 출토되지 않는다. 이는 이 암석이 물속에서 형성되지 않았음을 보여준다.

▎그림 18 / 코코니노 사암층에 있는 파충류의 족적화석(足跡化石, ichnolite)

---

26 Davis A. Young(1941~), "The discovery of terrestrial history," *Portraits of Creation*, H. J. Van Till, R. E. Shaw, J. H. Stek and D. A. Young, eds., (Grand Rapids, MI: William B. Eerdmans, 1990) Ch. 3, pp. 80~81.

셋째, 코코니노 사암에 입자가 매우 작은 실트(silt) 혹은 세사(細砂), 점토(clay) 등이 없다는 것과 모래 입자의 크기가 균일하다는 것도 코코니노 사암이 풍성층임을 보여준다. 특히 모래 입자의 크기가 균일하다는 것은 물에 의해 옮겨진 물질들이 퇴적되어 형성된 수성층(水成層, aquatic deposit)에서는 보기 어려운 현상이다. 코코니노 사암이 수성층이라면 암석 아래의 굵은 모래 입자로부터 시작해서 위로 올라갈수록 가는 모래 입자, 가장 꼭대기에는 실트나 점토가 존재해야 한다. 그러나 그 두꺼운 사암의 입자들은 균일하다.

그럼에도 코코니노 사암이 풍성층이 아니라 해성층(海成層, marine deposit)이라고 주장하는 사람이 있다.[27] 오클라호마주 털사대학(University of Tulsa) 지질학과의 비셔(Glen S. Visher)는 거대한 파도나 폭풍에 의해 해저에 "모래 파도"(sand waves)라고 불리는 모래언덕이 만들어지는 것을 보고 코코니노 사암층을 물속에서 형성된 모래 파도 퇴적층이라고 주장했다. 말할 필요도 없이 대홍수론자들은 창조과학자가 아닌, 그리고 주립대학의 주류 지질학 교수가 주장한 것에 착안해 적극적으로 코코니노 사암층이 물속에서 형성된 것이라 주장하고 있다.[28]

하지만 이런 주장은 대홍수론자들 외에는 극소수 사람의 의견일 뿐 대부분의 지질학자는 오랫동안 코코니노 사암이 풍성층이라는 데

---

27 Glen S. Visher, *Exploration Stratigraphy* 2nd edition, (Tulsa, OK: Penn Well Publishing Co., 1990), pp.211~213.

이견이 별로 없다. 이에 대해 칼빈대학 지질학과 명예교수인 영(Davis A. Young, 1941~)은 이렇게 말한다.[29]

"코코니노 사암층에는 놀라운 사층리(斜層理, cross-bedding), 척추동물의 발자국 화석이 들어있으며, 움푹 패이고 얼어붙은 모래 표면이 있다. 이 모든 특징은 코코니노가 사막 모래언덕으로서의 특징들과 일치한다. 사암은 거의 대부분 석영 입자로 이루어져 있으며, 순수한 석영 모래는 홍수 중에는 형성되지 않는다. … 어떤 규모의 홍수라도 그런 모래 퇴적층을 만들지는 않는다."[30]

육성층(陸成層, land deposit)의 존재는 비단 코코니노 사암만의 문제가 아니다. 2.85~3.15억 년 사이에 형성된 두꺼운(300m) 수파이 층군(Supai Group)에도 바다가 아닌 환경에서 퇴적된 지층들이 있다. 허밋 셰일(Hermit Shale)과 레드월 석회암(Redwall Limestone) 사이에 있는 수파이 층군은 두께가 총 300m에 이르고 네 개의 지층으로 이루어져

28 Steve Austin, editor, *Grand Canyon: Monument to Catastrophe* (Santee, CA: Institute for Creation Research, 1994), pp.32~36

29 Davis Young은 필라델피아에 소재한 웨스트민스트신학교(Westminster Theological Seminary)의 구약학 교수였던 Edward Joseph Young(1907~1968)의 아들이다.

30 Davis A. Young, "The Discovery of Terrestrial History," in Howard J. Van Till, Robert E. Snow, John H. Stek and Davis A. Young, *Portraits of Creation* (Grand Rapids, MI: William B. Eerdmans, 1990) pp.72~73.

있다.[31] 이 네 개의 지층은 셰일, 실트암(silt岩), 사암, 석회암 등으로 이루어져 있는데 층간의 경계가 선명하지 않기 때문에 남쪽림이나 북쪽림에서 육안으로 봐서는 잘 구분되지 않는다.

흥미로운 점은 수파이 층군에는 바다 환경에서 형성된 암석과 육지 환경에서 형성된 암석이 섞여 있다는 사실이다. 이것은 이 지층들이 해안선 근처의 해안평야에서 형성되었으며, 해수면이 높아지거나 낮아짐에 따라, 다시 말해 해침과 해퇴가 반복되면서 해안선이 변했음을 보여준다.[32]

지층 사이에 풍성층, 혹은 육성층이 있다는 것을 어떻게 노아 홍수로 설명할 수 있을까? 일부 대홍수론자들은 홍수 이전에 코코니노 사암을 이루고 있는 모래들이 먼저 퇴적되었다고 주장하기도 하고, 지각이 융기와 침강을 반복했다고 주장하기도 한다. 하지만 홍수 이전에 코코니노 사암을 이루는 모래가 쌓였다면 코코니노 사암 아래위에 있는 수성층은 또 어떻게 설명할 것인가? 지각의 융기와 침강이 반복되었다고 한다면 도대체 1년도 채 되지 않는 노아 홍수 기간 중 언제 그런 일이 일어났다는 말인가?

그랜드 캐니언 지층 중 풍성층이나 육성층이 존재한다는 것은 대

---

28 이 네 개의 지층은 에스플래네이드 사암(Esplanade Sandstone), 웨스코게임층(Wescogame Formation), 매나카차층(Manakacha Formation), 웨타호미기층(Watahomigi Formation) 등이다. 그랜드 캐니언의 지층 이름을 보려면 그림 13을 참고하라.

32 Price, *An Introduction to Grand Canyon Geology*, p.32.

홍수나 대격변이 여러 차례 있었다고 가정한다면 쉽게 설명할 수 있다. 즉 홍수와 홍수 사이의 기간에, 혹은 격변과 격변 사이의 기간에 풍성층이나 육성층이 형성되었다고 설명할 수 있다. 지구 역사에서 노아 홍수라는 전 지구적 격변이 단 한 차례만 있었다고 주장하는 대홍수론 혹은 단일격변설로는 어떤 방법으로도 그랜드 캐니언의 육성층이나 풍성층의 존재를 설명할 수 없다. 게다가 평균 두께가 96m에 이르고 넓이가 5만 km^2에 이르는 코코니노 사암은 어떻게 설명할 것인가? 코코니노 사암층을 이루는 모래의 총 용적은 2만5천 km^3(입방킬로미터)에 이르며 이들 모래 입자는 거의 모두 사막 모래처럼 미세한 석영 입자로 이루어져 있다.[33] 노아 홍수 때 온 세상이 물로 뒤덮여 있었는데 어떻게 바람에 불려온 모래가 쌓여 그렇게 두꺼운 지층을 형성할 수 있을까?

33 D. L. Baars, "Permian System of the Colorado Plateau," 〈American Association of Petroleum Geologists Bulletin〉, vol. 46 (1962): 200~201.

그랜드 캐니언의 독특성

일곱 번째는 그랜드 캐니언의 독특성이다. 만일 짧은 기간 동안 거대한 전 지구적 홍수에 의해 그랜드 캐니언이 형성되었다면 당연히 그런 유사한 캐니언이 다른 고원 지역에도 존재해야 한다. 특히 콜로라도 고원과 같이 융기된, 그래서 침식면(浸蝕面, erosion surface)이 높아진 지역에는 그랜드 캐니언과 흡사한 캐니언이 형성되었어야 한다. 콜로라도 고원은 넓이 33.7만 km^2, 평균 고도 2,450m에 이르는 거대한 고원이지만, 지구상에는 콜로라도 고원 외에도 넓고 높게 융기된 고원이 많다.

몇몇 예를 들면 세계의 지붕이라 불리며, 넓이 250만 km^2, 평균 높이 4,800m로서 세계 최대, 최고의 티벳 고원(Tibetan Plateau)을 위시해 넓이 16만 km^2, 두께 1,800m의 미국 북서부 지역 현무암 고원인 컬럼비아 고원(Columbia Plateau), 넓이 80만 km^2, 높이 3,000m의 남극 고원(Antarctic Plateau), 넓이 50만 km^2, 높이 0.1~1km의 인도 데칸 고원(Deccan Plateau), 넓이 2.2만 km^2, 높이 350~575m인 파키스탄 북동부의 포토하르 고원(Potohar Plateau), 넓이 3.2만 km^2, 높이 500~1280m인 호주 퀸즈랜드의 애써톤 고원(Atherton Tableland), 넓이 6,500km^2, 평균높이 1,100m인 노르웨이의 하당거비다 고원(Hardangervidda Plateau), 넓

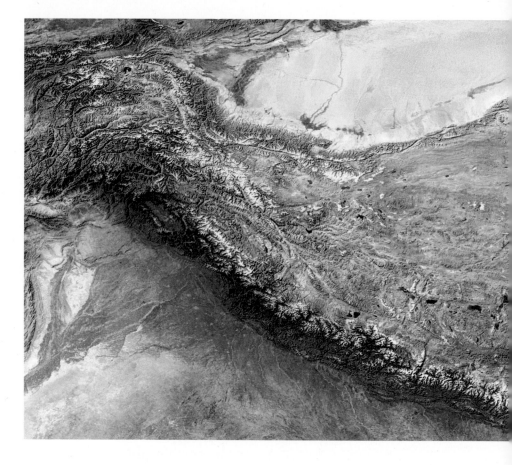

이 450만 km^2인 브라질 고원(Brazilian Plateau) 등이다.

　이 고원들 어디에도 그랜드 캐니언과 같은 거대한 계곡은 보이지 않는다. 한 예로 그림 19의 티벳 고원을 살펴보자. 고원의 아래 흰색 지역에는 크고 작은 많은 침식계곡을 볼 수 있다. 하지만 이들은 그 형태로 미루어볼 때 오랜 기간에 걸친 침식작용에 의해 형성된 것이

■ 그림 19 / 남쪽 히말라야 산맥(Himalayan Range)과 북쪽 타클라마칸 사막(Taklamakan Desert) 사이의 티벳 고원

분명하다.

　만일 노아 홍수 때 전 세계의 모든 고원이 물에 잠겼고, 대홍수가 동일한 침식작용을 했다면 콜로라도강과 같은 큰 강의 존재와 무관하게(대홍수론자들은 콜로라도강이 그랜드 캐니언을 만들지 않았다고 주장하므로) 그랜드 캐니언과 유사한 침식 지형이 곳곳에 존재했어야 할 것이

다. 하지만 어디에도 그랜드 캐니언과 같은 깊고 독특한 침식 지형을 보여주는 곳은 없다. 물론 콜로라도 고원과 같이 다른 고원의 융기 연대도 대홍수론자들이 말하는 노아 홍수 연대와 전혀 다르다. 이는 고원들의 침식은 지역에 따라, 그리고 시대에 따라 침식 메커니즘이 다르다는 것을 의미한다.

또한 그랜드 캐니언이 전 지구적 노아 홍수가 물러가면서 만들어졌다면 고원지대가 아니라고 해도 적어도 모든 대륙의 끝자락에는 거대한 침식 협곡이 공통적으로 존재해야 한다. 하지만 지구상 어디에도 그랜드 캐니언과 같이 깊고 거대한 침식계곡은 존재하지 않는다. 이것은 무엇을 말해주는가? 그랜드 캐니언은 일회적인 전 지구적 노아 홍수보다 콜로라도강에서 오랜 기간에 걸쳐 일어난 독특한 침식 과정에 의해 형성되었음을 보여주는 것이다.

그러므로 그랜드 캐니언은...

🌵　지금까지 우리는 그랜드 캐니언이 노아 홍수라는 1년 미만의 전 지구적인 대홍수에 의해 퇴적, 침식되었다는 대홍수론자들의 주장을 반박하는 여러 증거를 살펴보았다. 본장에서 제시한 증거들은 대부분 지질학적 상식에 기초한 것이며, 별도의 지질학적 훈련을 받지 않았더라도 건강한 상식만 갖고 있으면 충분히 이해할 수 있다.

　사실 위의 문제들은 그랜드 캐니언이 전 지구적인 홍수에 의해 형성되었다고 가정하는 대홍수론에서는 문제가 되지만, 오늘날 지질학계에서 받아들이는 이론에서는 별문제가 되지 않는다. 지금까지의 연구에 의하면 콜로라도 고원 하부의 퇴적층은 20억 년 전에 퇴적된 후 변성작용을 받은 후 화강암의 관입을 받아 오늘날의 기반암이 되었다고 본다. 다른 퇴적층들은 후기 원생대(Proterozoic Era)에 퇴적된 후 이어 습곡작용, 단층작용, 침식작용을 받았다. 그 위로 고생대 및 중생대 지층이 퇴적되었다. 그리고 본서 1장의 그랜드 캐니언 지질학에서 설명한 것처럼 7,000만 년 전에 로키산맥이 형성되고 콜로라도 강이 흐르게 되었다. 그리고 500~1,700만 년 전 콜로라도 고원이 융기되어 침식면이 높아지면서 더 빠르고 깊은 하방침식이 일어나기 시작했고, 지금과 같은 그랜드 캐니언이 만들어지기 시작했다.

어떤 학자들은 콜로라도 고원의 융기가 훨씬 전에 시작되었다고 주장하기도 한다. 해리스와 키버(D.V. Harris, and E.P. Kiver)에 의하면 콜로라도 고원은 약 7,000만 년 전에 천천히 융기하기 시작했다. 콜로라도 고원이 언제 융기하기 시작했는지와 관계없이 일단 콜로라도 고원이 융기를 시작하자 이미 존재하던 강은 더욱더 깊어졌고, 따라서 이전의 퇴적층들은 흐르는 강물에 의해 깎여나가서 지금과 같은 깊은 캐니언을 형성하게 되었다.[34] 그랜드 캐니언의 형성에 대해 세부적인 방법이나 시기 등에는 모든 학자가 동의하는 것은 아니지만 오랜 세월에 걸쳐 점진적인 침식에 의해 형성되었다고 하는 데는 이론이 없다.

---

[34] D. V. Harris, and E. P. Kiver, *The Geologic Story of the National Parks and Monuments*, (New York: Wiley, 1985).

[35] Carol Hill, Gregg Davidson, Tim Helble, Wayne Ranny, editors, *The Grand Canyon, Monument to an Ancient Earth: Can Noah's Flood Explain the Grand Canyon?* (Kregel, 2016). 본서의 저술에 참여한 사람은 모쉬어(Stephen Moshier, Wheaton College 지질학과, BioLogos), Carol Ann Hill(1940~, 지질학자, ASA), 헬블(Tim Helble, 은퇴한 hydrologist, 사진, 지도 전문가, BioLogos, ASA), 데이빗슨(Gregg Davidson, University of Mississippi, 지질학자, BioLogos), 탭(Bryan Tapp, University of Tulsa, 구조지질학자), 월게머트(Ken Wolgemuth, 지질학자, 신학생들을 위한 지질학), 윈스(Roger Wiens, 방사능 연대, ASA), 스틸리(Ralph Stearley, 고생물학자, Calvin College), 덮(Joel Duff, 식물학자, ASA), 엘리엇(David Elliott, Northern Arizona University, 코코니노 사암의 족적 화석 사진), 래니 (Wayne Ranney, non-religious, GC 사진전문) 등 총 11명이며, 각자가 자기의 전공분야에 따라 총 20장을 저술했다. 2018년, 새물결플러스에서 한국어판이 《그랜드 캐니언, 오래된 지구의 기념비》란 제목으로 출간되었다. 이 놀라운 책이 출간되게 된 배경에 대해서는 Carol A. Hill, "How the Book, *Can Noah's Flood Explain the Grand Canyon?*, Came to Be," http://www.asa3.org/ASA/PSCF/2016/PSCF6-16Hill.pdf를 참고하기 바란다.

근래 그랜드 캐니언의 형성에 대한 대홍수론 주장을 가장 체계적으로 비판한 책으로는 캐롤 힐(Carol Hill) 등 11명의 전문가가 공저한 《그랜드 캐니언, 오래된 지구의 기념비》(*The Grand Canyon, Monument to an Ancient Earth*)[35]를 들 수 있다. 여러 신학자와 지질학자가 동시에 극찬한 이 책은 크리스천 지질학자들이 중심이 되어 지구 연대와 그랜드 캐니언 형성에 관심이 있는 일반인이 쉽게 읽을 수 있도록 많은 그림과 도표, 사진을 사용하고 있다. 필자가 확인한 바에 의하면 이

그림 19 / 《그랜드 캐니언, 오래 된 지구의 기념비》

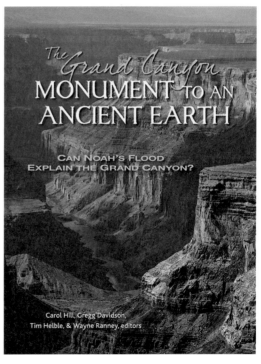

책의 11명 저자 중 적어도 8명은 복음주의 노선의 위튼대학(Wheaton College)이나 칼빈대학(Calvin College)에 재직하거나, 미국기독과학자협회(American Scientific Affiliation, ASA), 바이오로고스(BioLogos) 등에서 활동하는 학자였다.

내용을 보면 지질학의 기초로부터 홍수 지질학의 핵심적인 주장, 현대 지질학의 프레임은 물론 저자들이 직접 그랜드 캐니언 구석구석을 발로 뛰며 연구한 내용을 담고 있다. 자신의 분야에서 오랜 기간 연구한 저자들은 생생한 필드 데이터와 전문가적 논지를 자세히 제시하면서 그랜드 캐니언이 노아 홍수 때 형성되었다는 대홍수론자들이 어떻게 과학적 사실을 왜곡하고 있는지 파헤치고 있다.

3 대홍수 흔적이 없는 그랜드 캐니언

앞 장에서 우리는 오랜 세월에 걸친 점진적인 침식이 어떤 지질학적 특징을 보여주는지에 대해 살펴보았다. 그렇다면 거대한 홍수가 났을 때는 어떤 흔적이 남는가? 일반적으로 거대한 홍수가 나게 되면 다음과 같은 몇 가지 중요한 지질학적 특징이 남는다. 이런 특징을 보여주는 대표적인 지형으로는 워싱턴주 컬럼비아 계곡의 수로화된 용암암반지대(Channeled Scabland)를 들 수 있다.[1] 하지만 그랜드 캐니언에는 이런 특징들이 존재하지 않는다.

---

1 Michael Parfit, "The floods that carved the West," *Smithsonian* 26(1) (Apr. 1995): 48~59 ; E. T. McMullen, "The death of the dinosaurs, superfloods and other megacatastrophes: Catastrophes and scientific change," http://www. georgiasouthern.edu/~etmcmull/DINO.htm (1998)

거대 물결자국이 없음

그랜드 캐니언에서는 대홍수가 일어났을 때 관측되는 거대 물결자국(giant ripple mark)을 찾아볼 수 없다. 거대한 홍수는 절대로 조용하게 일어나지 않는다. 홍수가 일어날 때나 진행되거나 물러갈 때는 항상 거대한 파도가 일어나게 되고, 이는 주변 지형에 분명한 물결자국 혹은 파도자국을 남긴다. 이의 대표적인 예를 앞에서 소개한 컬럼비아 계곡에서 볼 수 있다.

컬럼비아 계곡이 거대한 빙하 홍수로 인해 형성되었다는 분명한 증거 중 하나는 거대 물결자국이다. 미졸라 빙하 홍수는 13,000~15,000년 전에 일어난 국부적인 홍수였음에도 그림 1에서 볼 수 있는 것처럼 곳곳에 거대 물결자국이 선명하게 남아있다. 만일 그랜드 캐니언이나 인근에서 거대한 홍수가 있었다면 어떤 형태로든 거대 물결자국이 남아있어야 한다. 그림 1은 미졸라 빙하 홍수 때 형성된 몇몇 물결자국을 보여준다. 산이 많은 몬태나주에서는 곳곳에서 이런 거대 물결자국을 볼 수 있다.[2] 직접 탐사가 어렵다면 구글 지도를 통

---

2 좀 더 많은 물결자국을 보려면 http://www.angelfire.com/wa2/ellensburg/FloodsA.html을 참고하라.

해서도 몬태나주의 미졸라시(City of Missoula) 주변 산에서 희미한 물
결자국을 찾을 수 있다.

┃ 그림 1 / 미졸라 빙하 홍수의 해안선(strandline)과[3] 홍수가 급격히 흘러갈 때 생기는
거대한 물결 자국. 아래 오른쪽 사진은 몬태나주 미졸라시 외곽에서 지금도 쉽게 볼 수
있는 물결자국이다. (ⓒPY)

　　이를 두고 대홍수론자들은 그랜드 캐니언은 수중에서 생성, 융기
되어서 물결자국이 없다는 궁색한 설명을 하기도 한다. 정말 수중에
서 생성, 융기되었다면 물결자국이 없을까? 그렇지 않다. 융기되면서

---

3 http://prangedeplume.blogspot.ca/2014/10/the-great-glacial-lake-missoula-
floods.html

육지가 수면 위로 올라오는 순간 해안선(strandline)에는 강한 파도가 부딪치게 되고, 선명한 물결자국이 만들어져야 한다.

　대홍수론 지지자들은 노아 홍수는 미졸라 빙하 홍수보다 훨씬 후인 지금부터 4,400여 년 전에 일어났으며, 게다가 홍수의 규모도 미졸라 빙하 홍수와는 비교도 할 수 없이 거대했다고 주장한다. 하지만 이에 대한 거대 물결 흔적은 그랜드 캐니언 계곡 안이나 인근 등 어디에서도 찾아볼 수 없다. 더구나 그랜드 캐니언 인근, 특히 남쪽림의 남쪽 지역은 사막 기후이기 때문에 한 번 물에 의해 만들어진 흔적은 잘 지워지지 않는다. 그럼에도 불구하고 어디에도 거대 물결자국이 없다.

유선형 잔류도가 없음

유선형 잔류도(流線型殘留島, streamlined relict island)가 없다. 그랜드 캐니언이 전 지구적인 대홍수에 의해 형성되었다면 거대한 물결 자국과 더불어 반드시 존재해야 하는 것이 있는데 그것은 바로 유선형 잔류도다. 아래 그림 2는 캐나다 공룡주립공원 샘플링 사이트에서 볼 수 있는 유선형 잔류도 형성 과정이다. 이 그림에서 볼 수 있는 것처럼 수로의 경사가 급해지고 흐르는 물의 속도가 빨라지면 고사리형 수로는 점차 망상하천 형태로 변해가며, 그중에는 수로와 수로가 합쳐지면서 그림과 같은 유선형 잔류도가 곳곳에 형성된다.

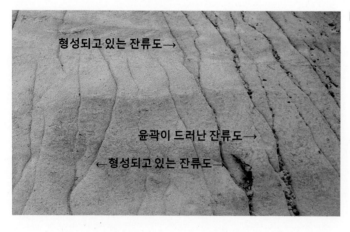

형성되고 있는 잔류도→

윤곽이 드러난 잔류도→

←형성되고 있는 잔류도→

■ 그림 2 / 유선형 잔류도의
형성 (ⒸPY)

실제로 대규모 빙하 홍수가 일어났던 컬럼비아강(계곡)에서는 이러한 유선형 잔류도를 볼 수 있다. 그림 3에서 볼 수 있는 컬럼비아강의 잔류도는 단단한 현무암으로 이루어진 잔류도들이다. 컬럼비아 계곡은 전체가 단단한 현무암으로 이루어져 있음에도 빙하기 말기에 일어난 거대한 여러 차례의 빙하 홍수로 인해 계곡이 깎여나갈 때 유선형 잔류도가 만들어진 것이다. 그러나 그랜드 캐니언에서는 유선형 잔류도의 흔적을 찾아볼 수 없다.

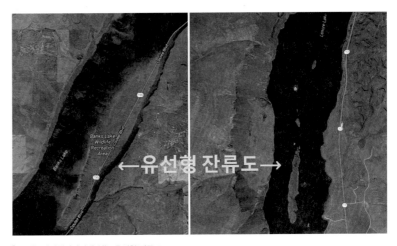

▎그림 3 / 컬럼비아강에 있는 유선형 잔류도

거대 표석이 없음

그랜드 캐니언이 급격한 홍수에 의해 형성되었다면 반드시 거대 표석(漂石, giant boulder)이 있어야 한다. 만일 그랜드 캐니언이 전 지구적인 거대한 홍수에 의해 형성되었다면 캐니언 바닥에 표석이나 자갈 등을 포함하는 다양한 크기의 조립질 퇴적물(粗粒質 堆積物, coarse-grained sediment)이 남아있어야 한다. 미아석(迷兒石, erratic

▌그림 4 / 표석. 콜로라도강 하류에서 발견되는 표석들. 볼펜의 크기와 비교하면 일반적인 강의 하류에서 발견되는 것들과 다르지 않다.

boulder)이라고도 불리는 표석은 홍수나 빙하 등에 의해 운반된 돌이나 바위 등이 홍수나 빙하가 지나간 후에 그대로 남아 있는 것을 말한다. 만일 홍수의 규모가 크면 당연히 표석이 크기도 커야 한다. 하지만 그랜드 캐니언 인근에는 거대 표석이 별로 없으며 하류에 있는 표석들도 크기가 작다. 일반적으로 밴쿠버 지역을 관통하는 프레이저강 하류에서 발견할 수 있는 정도의 표석밖에 없다.

아래 그림 5는 홍적세 말기에 일어났던 빙하 홍수로 인해 미국 워싱턴주 컬럼비아 계곡에 흩뿌려진 표석들이다. 표석들은 모래 크기로부터 무게가 100t(톤)이 넘는 것에 이르기까지 크기가 다양하다. 노아 홍수가 빙하 홍수보다 규모가 크고 급격했다면 다양한 크기의 표석이 캐니언 바닥이나 콜로라도강 하상에 남아있어야 한다. 하지만 그런 그랜드 캐니언에서 그런 증거는 찾아보기 어렵다.

▌그림 5 / 미국 남서부 애리조나주에 있는 그랜드 캐니언과[4] 그랜드 스테어케이스[5] 지층

거대 포트홀이 없음

그랜드 캐니언이 거대한 홍수에 의해 형성되었다면 거대 포트홀(giant pothole)이 있어야 한다. 흔히 돌개구멍이라고도 불리는 포트홀은 계곡이나 경사를 따라 물이 흐르면서 침식되어 암반에 생긴 항아리 모양의 깊은 구멍을 말한다. 흔히 폭보다 깊이가 크고, 모래나 자갈이 하상 요부(凹部)에서 회전하면서 암반을 깎아 만든 구멍을 말한다.

만일 그랜드 캐니언과 콜로라도강을 따라 미졸라 빙하 홍수와는 비교도 되지 않을 정도의 크고 급격한 노아 홍수가 일어났다면 다양한 크기의 포트홀이 곳곳에 남아있어야 한다. 특히 급류가 구불거리며 흘렀던 계곡에서는 매우 큰 포트홀이 남아있어야 한다. 그랜드 캐니언과 같이 대부분이 침식되기 쉬운 퇴적암으로 이루어진 계곡에서는 더더욱 거대 포트홀이 많이 남아있어야 한다. 하지만 그랜드 캐니언이나 인근에는 포트홀이 매우 드물고 포트홀 크기도 계곡을 흐르는 일반적인 크릭이나 작은 강에서나 볼 수 있는 정도로 작다.

필자가 여러 차례 다녀온 로키산맥의 자스퍼 국립공원(Japer National Park)이나 밴프 국립공원(Banff National Park)의 계곡에는 직경 5~10m 정도 되는 포트홀을 볼 수 있다. 이 중에서 밴프 국립공원 내

┃ 그림 6 / 포트홀의 크기를 사람의 크기와 비교해 보면 지름이 불과 1~2m에 불과하다.[4]

---

[4] 잭포인트(Jack Point)라 부르는 이 포트홀의 정확한 GPS 좌표는 36°41′56.76″N, 111°37′57.84″W. H.S. Alexander, "Pothole Erosion," *Journal of Geology*, Vol. 40, January~December 1932, pp. 305~337. Brown, *In the Beginning*, 191면에서 재인용.

존스톤 캐니언의 로워 폭포(Lower Falls)는 석회암 암벽을 따라 흘러내리지만, 재스퍼 국립공원 내에 있는 아타바스카 폭포(Athabasca Falls)는 규암(硅岩, Quartzite)이라는, 석영 입자로 이루어진 단단한 암석 틈바구니를 흘러내리고 있다. 그럼에도 아타바스카 폭포에는 큼직큼직한 포트홀이 형성되어 있다.

대홍수 때 물러가는 물에 의해 그랜드 캐니언이 침식되었다고 한다면 반드시 곳곳에 거대 포트홀이 많이 남아있어야 한다. 더구나 대홍수론자들은 1년 미만의 노아 홍수 기간에 고생대 이후의 대부분 지층이 갑자기 퇴적되었다고 보므로 지층들은 미처 암석화되지 못한 채로 물러가는 홍수에 의해 침식되었을 것이다. 그렇다면 더더욱 거대 포트홀이 많이 남아있어야 한다.

단단한 현무암으로 이루어진 컬럼비아 계곡에 미졸라 빙하 홍수로 인해 거대한 포트홀이 많이 남아있는 것을 생각한다면 이보다 훨씬 큰 노아 홍수로 인해서는 훨씬 더 크고 많은 포트홀이 남아 있어야 한다. 하지만 그랜드 캐니언, 특히 콜로라도강보다 훨씬 높은 곳에는 거대 포트홀 구조가 남아 있지 않다. 이는 그랜드 캐니언이 대홍수로 인해 형성되지 않았음을 보여주는 매우 중요한 증거라고 할 수 있다. 그랜드 캐니언이 형성되는 과정에서 크고 작은 홍수가 있었겠지만 단한 번의 전 지구적인 대홍수에 의해 형성되지 않은 것은 분명하다.

┃ 그림 7 / 로키산맥의 자스퍼 국립공
원 내 아타바스카 폭포의 포트홀(위).
밴프 국립공원 내 존스톤 캐니언의 로
워 폭포에 있는 포트홀(가운데).(ⓒPY)
워싱턴주 컬럼비아 계곡의 거대 포트
홀들(아래)

미졸라 빙하 홍수 지역과 다름

다섯째, 다른 곳에 남아있는 거대한 홍수의 증거다. 거대한 홍수나 화산폭발 등의 격변이 일어났을 때 어떤 지형이 만들어지는 가에 대해서는 그동안 여러 중요한 연구가 보고되고 있다. 그런데 이러한 연구들은 그랜드 캐니언에 대한 대홍수론의 단일격변모델을 단호하게 부정한다.

첫 번째 예로서 과거 빙하기 말기에 미국 서북부 지역에서 일어난 대규모 미졸라 빙하 홍수(Missoula Glacial Flood)를 생각해 보자. 이 빙하 홍수로 인해 형성된 수로화된 용암암반지대(Channeled Scablands)는 대규모 홍수가 났을 때 어떤 지형이 형성되는가에 대한 매우 중요한 힌트를 제공한다. 이 중 특히 워싱턴주를 관통해 흐르는 컬럼비아강(Columbia River)을 중심으로 형성된 현무암 계곡과 독특한 여러 지형은 대홍수가 났을 때 어떤 흔적이 남는지를 연구하는 데에 매우 중요하다. 이 지역은 필자가 사는 지역과 가까워서 여러 차례 방문해 조사할 기회가 있었다.

그림 8은 빙하기 말기에 일어난 대규모 빙하 홍수인 미졸라 홍수때 형성된 수로화된 용암암반 지대를 보여준다. 그랜드 캐니언과 같이 깊고 좁은 구불구불한 사행(蛇行, meandering) 수로가 아니라 넓고

상대적으로 얇은 하상이 형성된 것을 볼 수 있다. 일반적으로 큰 홍수가 나게 되면 그랜드 캐니언과 같이 하나의 깊이 패인 수로가 아니라 그림 8과 같이 여러 개로 엮인, 소위 뜨개질형 하천 시스템(braided river system) 혹은 망상하천 시스템(網狀河川, anastamosing channel)이 형성된다.

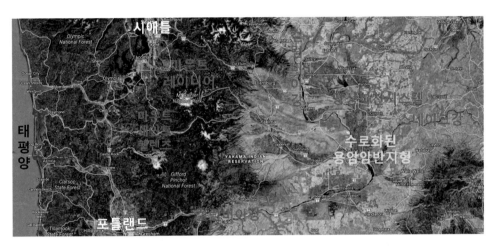

▌그림 8 / 오늘날의 지형과 미졸라 빙하 홍수의 망상하천 시스템

오늘날에는 숲이 우거지고 농업이 이루어지면서 미졸라 빙하홍수로 인해 형성된 망상하천의 모습이 잘 드러나지 않지만, 워싱턴주와 아이다호주에 걸쳐 있는 수로화된 용암암반지형은 빙하댐이 붕괴함으로 일어난 거대한 홍수가 어떤 수로를 만드는지 보여주는 고전적인 예라고 할 수 있다. 미졸라 홍수는 창조과학자들도 늘 인용하지만 아쉽게도 이로 인해 형성된 수로가 그랜드 캐니언과는 전혀 다르다는 것은 언급하지 않는다.[5]

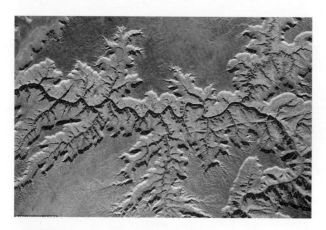

▌ 그림 9 / NASA에서 촬영한 그랜드 캐니언의 인공위성 사진[6]

5 Michael J. Oard, *Creation* 36(2):43~46 (2014.4.) - http://creation.com/lake-missoula-flood. 한국창조과학회 홈페이지에 이에 대한 번역이 있다.
http://www.creation.or.kr/library/itemview.asp?no=6330.
6 http://www.dailymail.co.uk/sciencetech/article-2520476/Aerial-views-going-Christmas-Astonishing-images-Vesuvius-Grand-Canyon.html

그림 9에서 볼 수 있는 것처럼 그랜드 캐니언에 대한 인공위성 사진은 망상하천 시스템과는 거리가 멀다. 이 그림은 느린 침식으로 형성된 전형적인 고사리형 수로(fern-like channel) 시스템을 보여준다.

물론 미졸라 빙하 홍수 지역은 현무암 지역이고 그랜드 캐니언은 퇴적암 지역이어서 암석의 단단함이 다르다. 하지만 미졸라 빙하 홍수 지형은 대규모 홍수가 짧은 기간 동안 일어날 때, 즉 급격한 침식이 일어날 때 어떤 수로가 형성되는지를 잘 보여주고 있다. 그런데 미졸라 빙하 홍수 지형은 그랜드 캐니언의 침식지형과는 전혀 다르고, 따라서 형성된 과정도 전혀 다르다. 그랜드 캐니언은 국부적인 홍수가 부분적으로 기여했을 수 있지만, 근본적으로 오랜 세월에 걸친, 느린 침식에 의에 형성되었다고 보는 것이 자연스럽다.

그 외의 증거들은...

지금까지 거대한 홍수가 일어나게 되면 그랜드 캐니언과 같이 깊고 구불구불한 단일수로(deep sinuous single water channel)가 아니라 넓고 비교적 얕은 하상을 가진 수로가 형성됨을 살펴보았다. 그랜드 캐니언은 콜로라도강이 흐르는 깊은 캐니언과 인근의 많은 지류 캐니언으로 이루어져 있는, 전형적인 오랜 침식을 보여주는 계곡이다.'

▌ 그림 10 / 캘리포니아만으로 흘러들어가는 콜로라도강과 삼각주

또한, 거대한 홍수가 났을 때는, 그리고 이 홍수에 의해 엄청난 침식이 일어났다면 콜로라도강 하류에는 삼각주라고도 불리는 델타(delta)가 많이 남아있어야 한다. 하지만 콜로라도강 하류에서 그런 삼각주는 찾아볼 수 없다. 콜로라도강에서는 캘리포니아만(Gulf of California)으로 흘러들어가는 하구에 삼각주가 있지만, 이것은 그랜드 캐니언을 침식시킨 퇴적물이라고 하기에는 너무 작다.

일부에서는 모뉴먼트 계곡(Monument Valley)에서 볼 수 있는 피너클(pinnacle), 뷰트(butte), 메사(mesa) 등의 여러 구조를 대홍수의 증거로 제시하는 사람들도 있다.[8] 하지만 이런 구조는 대홍수에 의한 급격한

┃그림 11 / 애리조나주–유타주 경계에 있는 모뉴먼트 계곡의 메사, 뷰트, 피너클[9]

침식이 아닌, 느린 침식과 풍화, 빙하작용 등으로 설명하는 것이 훨씬 더 자연스럽다. 특히 거대한 홍수에 의한 침식을 생각한다면 가늘고 뾰족한 피너클 구조들은 남아 있을 수가 없다.

그랜드 캐니언 인근은 거의 사막지대여서(적어도 현재는) 대홍수의 흔적이 남아있다면 이들은 쉽게 침식, 풍화되지 않고 지금까지 남아 있어야 한다. 하지만 그랜드 캐니언 바깥, 즉 콜로라도 고원지대 어디에서도 전 지구적인 규모의 홍수 흔적은 찾아볼 수 없다.

---

7 근래에 출간된 그랜드 캐니언에 관한 가장 탁월한 책으로는 Carol Hill, Gregg Davidson, Tim Helble, Wayne Ranny, editors, *The Grand Canyon, Monument to an Ancient Earth* (Kregel, 2016)을 보라.

8 침식에 강한 지층과 약한 지층이 수평으로 분포된 지역에서 약한 지층은 풍화나 침식으로 깎여 나가고 강한 지층만이 우뚝 솟아 남아있는 경우가 있다. 남아있는 부위가 작고 교회의 첨탑처럼 뾰족한 구조를 피너클(pinnacle), 주변이 절벽으로 둘러싸인 채 작은 언덕 크기로 남아 있는 것을 뷰트(butte) 혹은 고산(孤山), 산 크기로 남아있는 것을 메사(mesa) 혹은 탁상지(卓狀地, table land)라고 부른다. 메사라는 말은 스페인어로서 탁상 혹은 테이블이라는 의미다. – cf. 양승영 편저, 《지질학 사전》(교학연구사, 2001).

9 Brown, *In the Beginning*, 197면에서 재인용

4 수로 형성 모델과 테스트 사이트[1]

1 본 장의 내용은 제22회 창조론오픈포럼에서 발표할 예정이다: 양승훈 "수로 형성 모델로 본 그랜드 캐니언 – 그랜드 캐니언에 대한 홍수지질학적 해석에 대한 비판," 〈22회 창조론오픈포럼〉 (2018년 3월 31일)

지금까지 우리는 그랜드 캐니언이 노아 홍수 때 생기지 않았다는 여러 증거를 살펴보았다. 그랜드 캐니언을 연구하는 전문 지질학자들은 젊은 지구론자들의 홍수지질학을 터무니없는 주장이라고 일축하고 있다. 하지만 안타깝게도 근래 한국의 많은 그리스도인은 마치 그것이 성경의 가르침인 것처럼, 때로는 젊은 지구론이나 홍수지질학에 대한 비판을 신앙 때문에 받는 핍박인 것처럼 착각하면서 그랜드 캐니언을 다녀오고 있다. 퇴행적 반지성주의가 기승을 부리고 있다. 홍수지질학은 비기독교인 지질학자들만 비판하는 것이 아니다. 복음주의 계열의 그리스도인 지질학자들도 그랜드 캐니언이 노아 홍수 때 생겼다는 주장은 지질학적으로는 말할 것도 없고, 성경 해석학적으로도 근거가 없는 주장이라고 비판하고 있다.[2] 이들은 소수의 젊은 지구론자들(홍수지질학 지지자들)이 지구역사를 6,000년에 끼워 맞추기 위해 지질학적으로 잘 밝혀진 사실들을 부정하면서 그랜드 캐니언이 노아 홍수 때 형성되었다는 무리한 성경해석을 하고 있다고 비판하고 있다.

　　본 장에서는 노아 홍수와 같이 거대하고도 급격한 홍수가 일어나고, 또한 짧은 시간 동안 홍수가 물러갈 때 어떤 형태의 수로가 형성되는지를 조사했다. 이를 위해 캐나다 앨버타주에 있는 공룡주립공원(Dinosaur Provincial Park)을 샘플링 사이트로 선정했다.

---

2 그랜드 캐니언이 노아 홍수 때 생겼다는 주장에 대한 복음주의 과학자들의 비판에 대해서는 앞에서 소개한 캐롤 힐(Carol Hill) 등 11명의 전문가가 공저한 《그랜드 캐니언, 오래된 지구의 기념비》(The Grand Canyon, Monument to an Ancient Earth)를 참고하기 바란다.

캐나다 공룡주립공원

물의 속도와 본류와 지류가 만나는 각도를 알아보기 위해 샘플링 사이트로 선정한 공룡주립공원은 캘거리에서 동쪽으로 자동차로 두 시간 반 정도 떨어진, 캐나다 대평원(Canadian Prairies)에 있다. 캐나다 대평원은 대한민국 면적의 18배에 이르는 거대한 면적을 차지하며, 캐나다 순상지(Canadian Shield)라는, 전 세계적으로 가장 안정된 지층 위에 있다.

공룡주립공원은 레드디어강(Red Deer River)이 흐르는 계곡을 중심으로 73㎢의 넓은 배드랜드(badland)에 위치하고 있다. 배드랜드란 "나쁜 땅"이란 의미이고, 우리말로는 "악지"(惡地)라 번역하기도 하지만 순수한 지질학적 용어로서 도덕적인 호불호와는 무관하다.

배드랜드는 부드러운 사암과 진흙이 풍부한 토양이 바람이나 물에 의해 대규모로 침식된 지형을 말한다. 그래서 배드랜드를 "침식불모지"라 부르기도 한다. 일반적으로 배드랜드에는 가파른 경사가 많으며, 식물이 적게 자라고 표토(regolith, 表土)가 많지 않으며, 배수로의 밀도가 높다. 배드랜드는 배수로가 쉽게 형성되어서 비가 올 때 초기 수로가 형성되는 패턴을 연구하기에 적절한 지역이다.

공룡주립공원이 위치한 배드랜드는 레드디어강을 중심으로 오랜 세월에 걸쳐 침식되어 현재와 같은 중생대 지층이 노출되었으며, 이로 인해 대규모 공룡화석이 발굴되고 있다. 대부분 공룡화석이 출토되는 백악기 후기, 공룡공원층(Dinosaur Park Formation)은 7,650만 년부터 7,480만 년 사이에 퇴적된 지층이다. 지금까지 이곳에서 발굴된 공룡화석은 놀라울 정도로 다양해 40여 종에 이르며, 이로 인해 공룡주립공원은 1979년 유네스코 세계유산(UNESCO World Heritage Site)으로 지정, 보호되고 있다.

필자는 넓은 공룡주립공원에서도 공룡주립공원 방문자 안내소(Visitor's Centre)에서 남쪽으로 200m 지점(북위 50.756902, 서경 111.518993, 해발고도 700~750m) 인근을 본 연구의 샘플링 사이트로 선택했다. 이곳을 선정한 이유는 대부분의 앨버타 배드랜드가 그러하듯이 지층이 매우 안정되어 있으며, 다양한 각도의 경사면에서 초기 수로 형성을 볼 수 있기 때문이었다.

물이 흐르는 속도에 따라 초기 수로가 어떻게 형성되는지를 조사하기 위해 본 연구에서는 20여 개의 다양한 경사면을 선정했다. 공룡주립공원이 위치한 배드랜드 지역은 비가 오면 쉽게 수로가 형성되지만, 연간 강수량이 많지 않아서(400mm 내외) 한 번 수로가 형성되면 쉽게 지워지지 않는다.

필자는 2017년 9월 13일, 공룡주립공원을 답사했다. 이전에도 여러 차례 공룡주립공원을 다녀온 적이 있었지만, 이번처럼 물이 흘러갈 때 초기 수로가 어떻게 형성되는지를 보여주는 샘플링 사이트로서 공룡주립공원을 답사한 것은 2017년 5월 17일에 이어 두 번째

레드디어강

Dinosaur Provincial
Park Visitor Centre

공룡주립공원
박물자 안내소→

샘플링 사이트

그림 1 / 샘플링 사이트로 선정한 곳은 공룡주립공원 내에 있다.

였다. 이번 답사에서는 카메라(Canon 5D Mark III)와 더불어 경사면의 각도를 측정하기 위해 테크라이프의 디지털 각도기(Tacklife MDP02 Advanced Digital Protractor)를 수준기와 결합해 사용했다.

본 연구에서는 그림 2와 같이 본류의 경사도에 따른 본류가 지류와 만나는 각도의 변화를 측정했다. 표 1은 지면의 경사도에 따라 본류와 지류가 어떤 각도로 만나는지를 조사한 것이다. 경사도가 높아질수록 빗물이 흘러내리는 속도도 빨라지므로 표 1에서 볼 수 있는 경사면의 각도는 물의 속도라고 생각할 수 있다. 예측했던 대로 물이 경

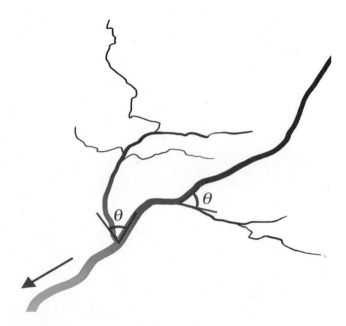

┃ 그림 2 / 본류와 지류가 만나는 각도. 굵은 선은 본류.
가는 선은 지류를 나타낸다.

사면을 따라 흘러내리게 되면 먼저 본류 지형(계곡)이 형성된다. 그리
고 이어 시간이 지나면서 본류 계곡을 중심으로 좌우에 지류들이 형
성된다.

  표 1에서 볼 수 있는 것처럼 경사면의 각도가 증가할수록, 그래서
물의 속도가 빨라질수록 본류와 지류가 만나는 각도가 줄어드는 것
을 볼 수 있다. 다시 말해 경사가 완만할 때는, 즉 물의 속도가 느릴 때
는 본류와 지류가 만나는 각도가 거의 직각에 가깝지만, 경사도가 급

사이트 번호	본류 경사 (deg.)	류/지류 각도 (deg.)
142	5.5±0.5	70±3
135	6±1	55±5
114	7±1	50±5
103	8±1	45±5
128	10±1	40±3
148	12±2	40±3
108	18	35±5
066	26	20±7
082	44±2	0
085	49±2	0
088	56±2	0
089	70±1	0

▌표 1 / 다양한 경사에서 초기 수로와 지류의 형성 (©PY)

해질수록 본류와 지류가 만나는 각도가 줄어든다. 경사도와 본류와 지류가 만나는 각도를 그래프로 그리면 그림 3(위)과 같다. 본류와 지류가 만나는 정확한 각도를 측정하기는 쉽지 않지만, 경사도의 역수를 취한 후 본류와 지류가 만나는 각도를 그래프에 표시하면 그림 3(아래)과 같다. 이 그래프로부터 우리는 경사도와 본류와 지류가 만나는 각도는 대체로 반비례하는 것을 볼 수 있다.

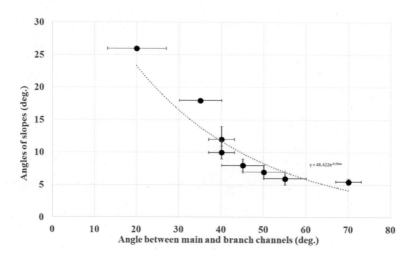

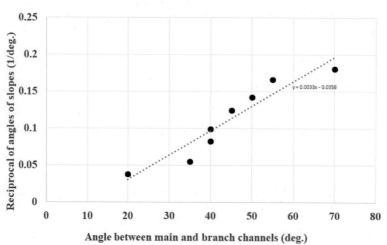

그림 3 / 경사면의 기울기와 본류와 지류가 만나는 각도의 관계(위). 아래는 비례관계를 알아보기 위해 경사도의 역수와 본류와 지류가 만나는 각도를 그린 것이다. (©PY)

경사도가 26도를 넘어서게 되면 본류와 지류가 만나지 않고 평행 수로를 형성하므로 그림 3에서는 표기하지 않았다. 이 경우 본류와 지류가 만나지 않아서 사실 지류라고 말할 수는 없다. 여기서 지류라고 지칭하는 것은 본류보다 후에 형성되고, 후에 본류와 만나는 수로를 의미한다. 이 결과는 물의 속도가 빨라지게 되면, 다시 말해 급격한 홍수가 일어나게 되면 현재의 그랜드 캐니언과 같은 고사리형 수로가 형성되기보다 워싱턴주 중부 컬럼비아 계곡의 수로화된 용암 암반지대(Channelled Scablands)와 같은 망상하천(網狀河川, braided stream)이 형성된다는 다른 수로 형성 연구결과와 일치한다.[3]

---

3 컬럼비아 계곡은 지금부터 13,000~15,000년 전, 빙하기가 끝나던 2,000년 동안 수십 차례에 걸친 빙하 홍수(Missoula Floods)로 인해 형성된 현무암 계곡이다. 세계 8대 현무암 지대 중 하나이기도 한 컬럼비아 계곡 가운데는 캐나다에서 발원해 오리건주와 워싱턴주 경계를 따라 서태평양으로 흘러들어가는 컬럼비아강이 흐르고 있다. 컬럼비아 계곡은 거대한 급류 홍수가 났을 때 형성되는 망상하천의 흔적을 잘 보여주고 있다.

그랜드 캐니언의 수로 해석

이러한 관측결과는 그랜드 캐니언의 수로 해석에 직접 적용할 수 있다. 그랜드 캐니언은 대부분 퇴적암으로 이루어진, 거대한 침식 계곡으로서 협곡 바닥에는 콜로라도강(본류)이 흐르고 있다. 길이가 2,330km에 이르는 콜로라도강 주변에는 그림 4와 같이 무수히 많은 지류, 혹은 지류 캐니언, 혹은 지류 캐니언의 지류(지지류) 등이 마치 고사리 잎과 같이 촘촘하게 형성되어 있다.

그러면 이러한 캐니언은 어떻게 형성되었을까? 대홍수론(창조과학, 젊은 지구론, 홍수지질학과 동의어)에서는 그랜드 캐니언의 거대한 침식 계곡이 지금부터 4,400여 년 전에 일어난, 1년 미만의 거대한 노아 홍수 때 만들어졌다고 주장한다. 다시 말해 열 달 반 정도의 노아 홍수 동안 깊이가 1.6km 정도에 이르는 거대한 계곡의 퇴적과 침식이 모두 일어났다는 것이다. 정말 그럴까?

본 연구의 결과는 전혀 그렇지 않음을 보여준다. 노아 홍수가 그랜드 캐니언을 그렇게 짧은 시간 동안 퇴적, 침식시킬 수 있는 정도의 홍수였다면 엄청난 규모의 홍수였을 것이며, 이는 매우 빠른 물의 속도와 이로 인한 급격한 침식을 가정해야 한다. 그렇다면 콜로라도강과 그랜드 캐니언에 있는 수많은 지류는 본류와 심한 예각으로 만나

그랜드 캐니언
(콜로라도강)
의 주요 지류들

| 그림 4 / 그랜드 캐니언에 흐르는 콜로라도강과 주요한 지류들

거나 아예 만나지 않고 망상하천을 형성해야 한다. 하지만 그랜드 캐니언 인근에서의 실제 상황은 어떤가? 표 2는 콜로라도강 상류에 있는 파리아강(Paria River)으로부터 하류에 있는 버진강(Virgin River)까지의 주요한 지류(크릭, 강, 캐니언들)가 본류와 만나는 대략적인 각도를 요약한 것이다. 이 조사를 위해 구글 지도가 사용되었다.

지류 강 혹은 지류 캐니언	지류가 콜로라도강 본류와 만나는 각도(deg.)	지지류가 지류와 만나는 각도(deg.)
Paria River	95	60
South Canyon	120	
Saddle Canyon	90	
Nankoweap Creek	90	
Little Colorado River	70	100
Chuar Creek(Canyon)	85	
Unkar Creek	90	
Clear Creek	100	
Bright Angel Creek	70	
Crystal Creek	80	
Shinumo Creek	70	
Tapeats Creek	100	
Kanab Creek	80	80
Matkatamiba Canyon	90	
Havasu Creek	85	
Prospect Canyon	140	
Parashant Wash	70	
Diamond Creek	120	90
Spencer Wash	130	
Grand Wash	75	70
Hualapai Wash	160	
Virgin River	110	

▌표 2 / 콜로라도강 본류와 22개 지류가 만나는 각도

본류와 지류가 만나는 각도

표 2에서 볼 수 있는 것처럼 콜로라도강으로 흘러드는 모든 지류
강이나 지류 캐니언들은 본류와 거의 직각에 가까운, 혹은 직각보다

큰 각도로 만나는 것을 볼 수 있다. 이것은 공룡주립공원의 샘플링 사이트의 관측 결과에서 알 수 있는 것처럼 콜로라도강으로 흘러들어오고 있는 모든 지류가 매우 느린 물에 의해 천천히 침식되었음을 의미한다. 이는 콜로라도강 본류와 지류가 급격한 홍수에 의해 형성된 것이 아니라 매우 천천히 침식되었음을 보여주는 부인할 수 없는 증거다.

여기서 흥미로운 것은 표 2에서 조사한 22개 지류 강이나 지류 캐니언 중에서 무려 절반이 넘는 13개(Paria River, South Canyon, Saddle Canyon, Nankoweap Creek, Unkar Creek, Clear Creek, Tapeats Creek, Matkatamiba Canyon, Prospect Canyon, Diamond Creek, Spencer Wash, Hualapai Wash, Virgin River 등)가 본류와 90도 혹은 그 이상의 둔각(鈍角)으로 만난다는 사실이다!

이것이 의미하는 바는 무엇일까? 콜로라도강 본류와 지류가 90도 이상의 둔각으로 만난다는 것은 지류가 본류와 역방향으로 흘렀음을 의미한다. 그랜드 캐니언이 오랜 기간에 걸쳐 천천히 침식되었다고 한다면 당연히 그럴 수 있다. 하지만 거대한 홍수 속에서 엄청난 속도로 흐르는 본류와 역방향으로 흐르는 지류를 생각할 수 있을까?

대홍수론에서 말하는 것처럼 그랜드 캐니언을 뒤덮는, 그러면서 태평양을 향해 한 방향으로 빠르게 흘러가는 거대한 홍수에 의해 지류가 형성되었다고 한다면 본류와 지류는 직각보다 훨씬 작은 예각(銳角)으로 만나거나 지류가 본류와 평행하게 흐르는 망상하천이 형성되어야 한다. 즉 그랜드 캐니언이 콜로라도강 상류에서 하류로, 나아가 캘리포니아만으로 빠르게 흘러들어가는 노아 홍수에 의해 형성되었다고 한다면 콜로라도강 주변의 모든 지류는 본류와 90도보다 훨씬 작은 예각으로 만나거나 앞의 샘플링 사이트의 사진 번호 082, 085, 088, 089번과 같이 아예 본류와 만나지 않고 평행하게 침식되어야 한다.

하지만 실제는 어떤가? 그랜드 캐니언의 모든 지류가 본류 콜로라도강과 90도 근처의 큰 각도로 만나고 있고, 몇몇 지류는 아예 90도보다 더 큰 둔각으로 만난다는 것은 그랜드 캐니언 자체가 규모와 무관하게 어느 한 방향으로 빠르게 흘러가는 물에 의해 형성된 것이 아님을 의미한다. 즉 그랜드 캐니언은 전 지구적 규모의 노아 홍수 때 형성된 것이 아니라는 말이다.

지류와 지지류가 만나는 각도

이러한 현상은 지류로 흘러들고 있는 지지류를 통해서도 확인할 수 있다.[4] 표 2의 오른쪽 칼럼은 몇몇 지류와 그 지류의 첫 번째 지지류가 만나는 대략적인 각도를 보여주고 있다. 여기서도 역시 모든 지지류는 지류와 직각에 가까운 큰 각도로 만나는 것을 볼 수 있고, 그중에서도 리틀 콜로라도강(Little Colorado River)의 경우에는 90도 이상

---

4 앞 표에서 표기한 것처럼 콜로라도강의 주요 지류들(강, 크릭, 캐니언 등)은 대부분 이름이 있다. 하지만 지류로 흘러들어오는 지류들에 대해서는 이름이 없는 경우가 대부분이다. 그래서 본서에서는 표현이 좀 어색하기는 하지만 편의상 지류로 흘러들어오는 지류를 지지류로, 지지류로 흘러들어오는 지류를 지지지류라고 부른다.

의 각도로 만나는 것을 볼 수 있다. 이러한 현상은 지지류조차 어느 한 방향으로 급격히 흘러가는 홍수에 의해 형성된 것이 아니라 오랜 시간에 걸친 느린 침식에 의해 형성되었음을 명백하게 보여준다.

이러한 현상은 그랜드 캐니언의 여러 지류에서도 그대로 나타난다. 한 예로 아래 그림 5는 그랜드 캐니언의 여러 지류 중 케이납 크릭

▌ 그림 5 / 그랜드 캐니언의 주요 지류의 하나인 케이납 크릭과 그 지류들

(Kanab Creek)을 보여준다. 케이납 크릭은 다른 여러 지류처럼 느린 침식의 특징인 고사리형 수로 시스템을 보여준다. 흥미롭게도 케이납 크릭은 콜로라도강과 직각에 가까운 각도로 만날 뿐 아니라 케이납 크릭의 지류(콜로라도강의 지지류들)도 케이납 크릭과 직각에 가까운 각도로 만난다.

사이트 번호	케이납 크릭과 그것의 지지류들과 만나는 각도(deg.)
지지류1	80E
지지류2 (점펍 캐니언)	80E
지지류3	120W
지지류4	100W
지지류5	70W
지지류6	85W
지지류7	80E
지지류8	100E
지지류9	100E
지지류10	90W
지지류11	80E
지지류12	80W

▎표 3 / 케이납 크릭과 그 지류들(지지류들)이 만나는 각도

표 3은 케이납 크릭과 그 지지류가 만나는 각도를 표시한 것이다. 특별히 케이납 크릭을 선정한 이유는 콜로라도강의 여러 지류 중에서 (비록 현재 물은 별로 흐르지 않지만) 지지류망이 잘 발달해 있기 때문이었다. 하지만 다른 지류도 상황은 별로 다르지 않다.

표 3에서 볼 수 있는 것처럼 대부분의 지지류는 케이납 크릭과 직각에 가까운 각도로 만난다. 여기서 E 혹은 W는 동쪽에서 혹은 서쪽에서 흘러드는 지류라는 의미다. 흥미롭게도 표 3에서도 역시 절반에 가까운 5개의 지지류가 케이납 크릭과 90도 이상의 둔각으로 만난다. 이것이 의미하는 바가 무엇일까? 케이납 크릭의 지지류 역시 어느 한 방향으로 흐르는 급격한 홍수가 아니라 동쪽과 서쪽에서 흘러들어 오는 지지류의 느린 침식에 의해, 또한 물이 흐르는 방향도 한 방향이 아닌 상태에서 형성되었음을 보여준다.

지지류와 지지지류가 만나는 각도

앞에서 언급한 것처럼 케이납 크릭은 지류가 잘 발달해 있어 지지류가 그것의 지류(지지지류)와 만나는 각도도 조사할 수 있다. 그림 6과 표 4는 케이납 크릭의 지지류2인 점펍 캐니언(Jumpup Canyon)과 그 지류(지지지류)가 만나는 각도를 표시한 것이다. 여기서도 세 지지지류가 직각에 가까운 각도로 지지류2인 점펍 캐니언으로 흘러드는 것을 볼 수 있다. 이것 역시 이 지지지류가 급격한 홍수에 의해 형성된 것이 아닌, 오랜 기간의 느린 침식에 의해 형성되었음을 보여준다. 표 4의 각도 뒤에 표기한 S는 남쪽으로부터 흘러드는 지류라는 의미다.

그림 6에서 볼 수 있는 것처럼 지지류2에는 북쪽에서 흘러드는 큰 지류는 없다.

▌그림 6 / 점펍 캐니언과 그 지지지류

지지지류	지지류와 그 지류들과 만나는 각도(deg.)
지지류1	70S
지지류2	70S
지지류3	80S

▌표 4 / 케이납 크릭의 지지류2(Jumpup Canyon)와
그 지류들(지지지류들)이 만나는 각도

본류와 역방향으로 흐르는 지류

끝으로 생각해 볼 수 있는 것은 그랜드 캐니언 초입에 있는 리

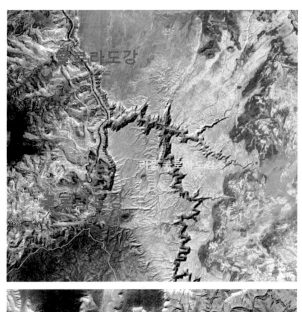

┃ 그림 7 / 거의 역방향으로 콜로라도강
과 만나는 리틀 콜로라도강, 프로스펙트
캐니언, 모학 크릭(캐니언), 내셔널 캐니언

틀 콜로라도강과 그랜드 캐니언 끝 부분에 있는 프로스펙트 캐니언 (Prospect Canyon)이다. 그랜드 캐니언의 수많은 크고 작은 지류 강, 지류 캐니언 중에서도 이 두 지류는 유난히 본류와 거의 역방향으로 흐른다. 표 2에서 볼 수 있는 것처럼 리틀 콜로라도강이 본류와 만나는 지점은 70도 정도이지만, 전체 강의 방향은 그림 7에서 볼 수 있는 것처럼 거의 180도, 다시 말해 거의 완전한 역방향으로 흐른다. 또한, 프로스펙트 캐니언과 이와 인접한 모학 크릭(캐니언)(Mohawk Creek(Canyon)), 내셔날 캐니언(National Canyon) 등도 완전히 역방향은 아니지만 콜로라도강과 약 140도 이상의 큰 각도로 만난다.

이것은 무엇을 말하는가? 이러한 지형의 형성을 빠른 속도로 한 방향으로 흘러가는 거대한 홍수로 설명할 수 있을까? 거대한 홍수가 본류의 수로를 따라 태평양을 향해 쏜살같이 내달리는데 어떻게 그 흐름을 거슬러가는 지류가 형성될 수 있을까? 본류를 거슬러 형성된 지류가 존재한다는 것은 대홍수론으로는 도무지 설명할 수 없다. 이는 오직 오랜 시간에 걸친 느린 침식에 의해 형성된 것이라고밖에 해석할 수 없다!

화산에서 볼 수 있는 침식 수로

🌵   대홍수론자들은 지질시대를 부정하면서(지질시대를 부정하는 것은 현대 지질학 전체를 부정하는 것인데) 고생대부터 신생대까지의 모든 지층이 불과 4,400년 전에 일어난 노아 홍수의 결과라고 주장한다. 이들이 대홍수론의 증거로 제시하는 단골 메뉴는 미국 워싱턴주의 세인트 헬렌즈 화산(Mount St. Helens)이다. 창조과학자들은 지금도 화산에 진입하는 국도변에 세인트 헬렌즈 화산 창조과학 센터(Mount St. Helens Creation Center)를 만들어서 오가는 사람들을 "계몽"하고 있다.[5]

세인트 헬렌즈 화산은 필자의 집과 가깝기도 하고, 옐로스톤 국립공원(Yellowstone National Park)과 더불어 미국 본토에서 지질학적 과정이 가장 활발하게 일어나는 곳이어서 미졸라 빙하 홍수 지역과 더불어 필자가 가장 많이 탐사한 곳이다.

화산은 그랜드 캐니언과 다름

세인트 헬렌즈 화산은 1980년 5월 18일 대규모 분화를 일으킨 후

---

[5] 원래 이름은 세븐 원더스 창조과학 박물관(7 Wonders Creation Museum)이었으며 앤더슨 목사가 은퇴한 2014년부터 폴 테일러(Paul Taylor)가 대표를 맡고 있다.

지금까지 크고 작은 분화를 계속하고 있다. 처음 폭발할 때 흘러나온 화산쇄설물(火山碎屑物, pyroclastic deposit)은 그림 8에서 보는 것처럼 세인트 헬렌즈 화산 바로 북쪽에 인접해 있는 스피릿 호수(Spirit Lake)의 호수 바닥을 순식간에 60m 정도를 높였다. 말할 필요도 없이 여기서 흘러나오는 투틀강(Toutle River)의 하상도 비슷하게 높였다.

세인트 헬렌즈 화산 폭발로 인해 스피릿 호수의 물은 투틀강의 북쪽 지류를 따라 흘러내렸다. 그리고 그림 9와 같이 퇴적층이 급속히

▌그림 8 / 화산 폭발 25년 뒤인 2005년 2월 스피릿 호수[6]

---

6 https://en.wikipedia.org/wiki/Spirit_Lake_(Washington)

침식되어 미니 그랜드 캐니언과 같은 여러 협곡이 형성되었다. 대홍수론자들은 이것을 보고 그랜드 캐니언도 이들 미니 캐니언처럼 급속히 형성되었을 것이라고 주장한다.[7] 하지만 그랜드 캐니언의 형성은 세인트 헬렌즈 화산 분화로 인한 미니 캐니언의 형성과는 몇 가지 점에서 전혀 다르다.[8]

▍그림 9 / 세인트 헬렌스 화산과 폭발 때 무너진 산 정상의 북쪽 경사면

7 Steven A. Austin, "Mt. St. Helens and catastrophism," 〈Impact〉 #157 (July 1986) ;http://www.icr.org/pubs/imp/imp-157.htm ; http://www.icr.org/index.php ?module=articles&action=view&ID=261

8 Claim CH581.1 in http://talkorigins.org/indexcc/CH/CH581_1.html

첫째, 세인트 헬렌즈 화산에서 흘러내린 화산쇄설물은 그랜드 캐니언을 이루고 있는 퇴적층과는 전혀 다르다. 그림 10에서 볼 수 있는 것처럼 세인트 헬렌즈 화산으로부터 막 흘러나와 퇴적된 화산쇄설물은 아직 굳지 않은 상태에서 침식되었기 때문에 쉽게 침식될 수 있었다. 하지만 그랜드 캐니언은 이보다 훨씬 더 단단한 사암이나 석회암 등으로 이루어져 있으며, 특히 기반암을 이루는 변성암 퇴적층(비슈누 편암)과 화강암에 더하여 훨씬 더 단단한, 그러면서도 비교적 최근에 형성된 현무암 등으로 이루어져 있다. 그러므로 홍수에 의한 침식 속도에 있어서 세인트 헬렌즈 화산의 미니 캐니언과 그랜드 캐니언을

▌그림 10 / 화산폭발 당시 쏟아진 화산쇄설물로 만들어진 미니 캐니언들

그대로 비교해서는 안 된다.

둘째, 세인트 헬렌즈 화산의 미니 캐니언들은 한꺼번에 형성되지 않았다. 세인트 헬렌즈 화산은 1980년 5월 처음 분화한 이후 여러 차례에 걸쳐 분화했고, 그때마다 캐니언 주변의 지층은 더 두껍게 쌓였다. 또한 스피릿 호수에서 발원한 투틀강을 따라 형성된 미니 캐니언들은 강물이 흘러가면서 계속 침식되고 있으며, 지금도 점점 더 깊어지고 있다. 그러므로 세인트 헬렌즈 화산은 여러 차례의 급격한 퇴적과 느린 침식을 통한 캐니언의 형성을 보여주는 예라는 점에 있어서 대홍수론자들이 주장하는 그랜드 캐니언의 형성 과정과는 전혀 다르다.

▍그림 11 / 거의 수직에 가까운 그랜드 캐니언의 내벽

셋째, 세인트 헬렌즈 화산의 캐니언과 그랜드 캐니언의 단면이 다르다. 그림 10에서 보는 것처럼 화산쇄설물로 이루어진 세인트 헬렌즈 화산의 퇴적층은 아직 단단하게 굳지 않아서 물 등에 의해 침식될 때(아래가 침식되면 위로부터 무너지기 때문에) 캐니언의 안쪽 벽이 평균 45도 정도로 비스듬하게 기울어져(함몰되어) 있다. 하지만 그림 11에서 보는 것처럼 그랜드 캐니언의 안쪽 벽은 단단한 암석으로 이루어져 있어서 많은 곳에서 거의 수직 절벽을 이루고 있다. 게다가 세인트 헬렌즈 화산으로부터 흘러나오는 투틀강은 그랜드 캐니언을 형성한 콜로라도강보다 더 가파른 경사를 따라 흘러내려오며, 따라서 더 큰 침식력을 갖는다.

세인트 헬렌즈 화산이 폭발하면서 흘러내린 고밀도의 화산쇄설물은 미니 캐니언들의 가파른 경사와 더불어 일반적인 홍수보다는 훨씬 더 큰 침식력을 갖고 있었다. 그러므로 세인트 헬렌즈 화산으로 형성된 미니 캐니언들을 그랜드 캐니언과 단순 비교하는 것은 맞지 않다.

이 외에도 그랜드 캐니언은 세인트 헬렌즈 화산 폭발로 형성된 캐니언들과는 비교할 수 없는 요소가 많다. 우선 그랜드 캐니언을 비롯해 콜로라도강을 따라 형성된 여러 캐니언은 세인트 헬렌즈 화산으로 인해 형성된 캐니언보다 규모가 적어도 10만 배 이상 크다. 깊이도 20~40m 정도인 세인트 헬렌즈 화산의 캐니언들에 비해 그랜드 캐니언은 20~40배 이상 더 깊다.

대체로 물에 의해 침식된 그랜드 캐니언과는 달리 세인트 헬렌즈 화산은 거의 1km³에 이르는 산정상이 무너지면서 이 토사가 스피릿 호수 물과 섞여 급한 경사를 따라 엄청나게 빠른 속도로 투틀강으로 흘러들었다. 다시 말해 콜로라도강은 "흙이 섞인 물"이 침식시켰지만, 투틀강은 "물이 섞인 흙"이 침식시켰다고 할 수 있다! 세인트 헬렌즈 화산 기슭과 투틀강은 흔히 말하는 저탁류(turbidity current)와 흡사한, 엄청난 침식력을 가진 유동체가 침식시켰다고 할 수 있다. 이는 두 캐니언의 형성 과정이 달랐음을 의미한다. 비록 규모는 작았지만 투틀강에서는 콜로라도강과는 비교할 수 없는 빠른 퇴적과 침식이 일어났다.

결론적으로 그랜드 캐니언과 세인트 헬렌즈 화산 지대의 여러 미니 캐니언은 서로 비교할 수 없으며, 세인트 헬렌즈 화산 인근의 캐니언을 형성한 메커니즘을 그대로 그랜드 캐니언에 적용하는 것은 무리가 있다. 세인트 헬렌즈 화산에서 흘러내린 화산쇄설물은 일반적인 홍수와는 전혀 다르고, 침식력도 전혀 달랐다. 그랜드 캐니언의 형성과 세인트 헬렌즈 화산의 미니 캐니언들은 서로 다른 하나님의 지구경영의 패턴을 보여주고 있을 뿐이다.

화산 폭발과 수로 형성

그랜드 캐니언과 세인트 헬렌즈 화산이 전혀 다르기는 하지만 세인트 헬렌즈 화산은 앞에서 언급한 수로 형성에 관한 좋은 자료를 제공하고 있다. 그림 12는 화산쇄설물들에 의해 급속한 침식이 일어났을 때와 비교적 느린 침식이 일어났을 때 수로가 어떻게 형성되는지를 보여주고 있다.

느린 침식지

스피릿 호수

급속 침식지

화산 분화구

| 그림 12 / 세인트 헬렌즈 화산과 그 주변

　그림 13은 급속하게 침식된, 세인트 헬렌즈 화산 정상에서 중턱까
지의 가파른 수로를 보여준다. 급류로 인해 하나의 본류를 중심으로
지류가 형성되기보다 앞에서 언급한 것과 같은 망상형 수로가 형성
되었음을 보여준다. 급격한 빙하 홍수에 의해 형성된 컬럼비아 계곡
의 지형과 비슷하다.

　반면에 느리게 침식된 세인트 헬렌즈 화산 기슭의 투틀강과 그 인
근은 고사리형 수로를 형성했다. 그림 14는 그랜드 캐니언과 같이 충
분히 발달된 지류망을 보여주지는 않지만, 느린 침식에 의한 미니 캐
니언 지류가 막 형성되고 있는 것을 보여주고 있다. 이것은 공룡주립

그림 13 / 급속 침식지의 망상형 수로 형성

공원에서 본 것과 같이 느리게 침식되는 하천에서 형성되는 고사리형 수로의 전형적인 모습을 보여준다.

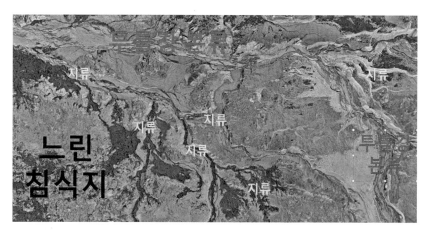

그림 14 / 투틀강 인근의 느린 침식지와 지류 형성

세인트 헬렌즈 화산의 폭발과 이로 인한 미니 캐니언의 형성은 그랜드 캐니언의 형성과 다른 점이 많다. 하지만 세인트 헬렌즈 화산은 토양을 침식시키는 물의 속도에 따라 수로가 어떻게 형성되는지를 보여주는 좋은 자료다. 비록 화산 기슭의 미니 캐니언들이 그랜드 캐니언 형성과 직접 관련은 없지만 같은 지역, 다른 경사면에서 형성된 수로의 모습을 보여주어서 수로 형성 모델의 좋은 자료가 된다. 화산 폭발과 이로 인한 미니 캐니언들의 형성은 그랜드 캐니언의 느린 침식의 간접적인 증거는 된다. 하지만 이것은 노아 홍수나 대홍수론과는 별 관계가 없다.

테스트 사이트들의 침식 패턴

세인트 헬렌즈 화산과 같이 큰 지질학적 사건이 일어난 곳이 아니라도 갑작스러운 강수로 인한 침식 패턴은 세계 어디서라도 볼 수 있다. 한 예로 필자는 2016년 7월 하순, 탄자니아 북동부 지역을 탐사할 기회가 있었다. 탄자니아 응고롱고로 보호지역(Ngorongoro Conservation Area: NCA)은 전 세계에서 사파리 관광을 위해 많은 관광객이 찾는 곳이다. 그런데 흥미롭게도 NCA에서 탄자니아 북동부 거점도시 아루샤(Arusha)까지 가는 길목에 물에 의한 급격한 침식이 어떻게 지형을 바꾸는지를 보여주는 좋은 테스트 사이트가 여럿 있었다.

이 지역은 연 강수량이 900mm 정도인데 대부분 3~4월, 11~12월에 비가 내린다. 그중에서도 특히 4월에 갑작스러운 소나기가 내린다.[9] 평소 말라 있던 개울이 드물게 강한 소나기가 내려서 많은 물이 한꺼번에 흐르는데 이때 이곳의 부드러운 화산재 토양을 갑작스럽게 침식시킨다. 이 지역은 오래 전에 인근 화산들이 내뿜은 화산재로 이

---

[9] 참고로 Arusha 지역의 연평균 강수량은 3월에는 138mm, 4월에는 223mm, 11월에는 119mm, 12월에는 103mm 정도이다. 6~10월 사이에는 20mm 미만의 극히 건조한 날씨이다. cf. http://www.arusha.climatemps.com/precipitation.php

루어져 있어서 짧은 시간 동안 일어나는 홍수가 어떤 패턴으로 토양
을 침식시키는지를 연구하기에 적절한 곳이다.

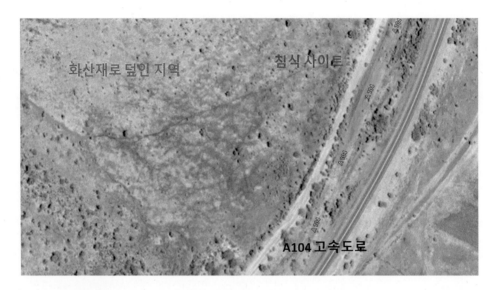

| 그림 15 / 갑작스런 홍수가 났을 때 침식 패턴을 보여주는 침식 사이트 (©PY)

필자는 이곳을 2016년 7월 22~23일 양일간에 걸쳐 답사했다. 선택한 침식 사이트는 NCA 정문인 라도아래 게이트(Ladoare Gate)에서 탄자니아 제3의 도시 아루샤를 잇는 A104 국도변에 있는 지점이었다. 이곳은 NCA 정문에서 서쪽으로 95km, 인근 도시 마쿠유니(Makuyuni)에서 서쪽으로 18km 떨어진 지점이었다. 필자는 이곳만을 조사했지만, 탐사 차량으로 이동한 도로변에는 비슷한 침식 패턴을 보여주는 곳이 10여 곳이 넘었다.

필자가 탐사한 지역은 화산재로 이루어진 구릉 지역이었다. 지역의 침식 규모가 불과 수백 미터 미만이어서 별도의 장비 없이 육안만으로도 충분히 침식 패턴을 확인할 수 있었다. 도로변에서 멀리 떨어진 지역들도 동일한 화산재 지역이었지만 잔디나 관목 등으로 덮여 있어서 별로 침식이 일어나지 않았다. 하지만 도로변에는 도로공사를 하느라, 혹은 인근에 사는 사람들이 잔디나 관목 등을 제거해서 많은 비가 한꺼번에 내리게 되면 쉽게 침식될 수 있는 곳이었다.

이 지역은 한꺼번에 많은 물이 흐를 때 어떻게 급격한 침식이 이루어지는지를 연구하기 위해 지질학자들이 실험실에서 만든 모의지형에 비해서는 훨씬 더 큰 규모이지만 그랜드 캐니언에 비해서는 매우 작은 규모다. 이 지역의 여러 침식 지형은 비록 규모는 작지만 급격한 홍수가 났을 때 어떻게 침식되는지를 보여주는 생생한 예를 제공한다.

위 그림 15에서 볼 수 있는 것처럼 국지적 홍수에서 지류가 본류를 만날 때는 수직이 아닌, 비스듬한 각도로 만난다. 아쉽게도 공중 사진을 찍을 수가 없어서 침식 지형에서 본류와 좌측의 지류들이 비스듬하게 만나는 것이 실감 나게 드러나지는 않지만, 실제 지형은 지류와 본류가 비스듬하게 만나고 있다.

이 침식지형은 그랜드 캐니언에 비해 매우 작은 규모지만 침식 메커니즘은 같다. 앞에서 언급한 것처럼 그랜드 캐니언의 대부분 지류는 본류와 수직에 가까운 각도로 만난다. 지류와 지지류도 거의 수직으로 만난다. 이것이 무엇을 말하는가? 이것은 그랜드 캐니언이 한번의 대홍수로 형성된 것이 아니라 오랜 기간 느린 침식으로 형성되었음을 보여준다.

다음 장에서 살펴보는 것처럼 홍수의 규모가 급격할수록, 홍수의 유속이 빠를수록 급격한 침식이 일어나며 지류와 본류가 만나는 각도는 날카롭다. 노아 홍수는 지구 역사상 단기간의 가장 큰 규모의 홍수였고, 또한 가장 강력한 침식력을 가진 홍수였다고 생각되기에 앞에서 언급한 것처럼 본류와 지류가 예각으로 만나거나 앞에서 언급한 망상구조를 이루어야 한다.

2장의 그림 15과 같은 본류와 지류 시스템을 생각해 보자. 2장 그림 15에서 본류와 지류가 만나는 각도 θ는 본류와 지류의 유속이 빠를수록, 다시 말해 침식속도가 빠를수록 작아진다. 반대로 유속이 느리고 침식속도가 늦어지면 본류와 지류는 직각에 가깝게 만난다.

한 가지 고려해야 할 사항은 지형을 이루고 있는 지층의 경도이다. 만일 홍수가 났을 때 이미 지층이 단단하게 암반화 되어 있고, 그래서 물에 의한 침식이 쉽게 일어나지 않는다면 커다란 지류가 형성되기도 어려울뿐더러 지류와 본류가 만나는 각도도 홍수의 규모나 유속에 덜 의존할 것이다.

하지만 대홍수 모델에서는 그랜드 캐니언의 지층이 불과 1년 미만의 홍수에 의해 퇴적되었고, 퇴적된 후 불과 몇 달 이내에 대홍수가 물러가면서 침식이 일어났다고 보므로 대홍수가 물러갈 때 그랜드 캐니언 지역의 지층은 암석화되지 않았을 것이 분명하다. 그렇다면 대홍수 때 빠른 침식이 일어나야 하고 콜로라도강 본류와 지류는 작은 예각으로 만나야 한다. 만일 더 급격한 침식이 일어났다면 앞에서 언급한 것처럼 망상하천 시스템을 보여주어야 한다. 하지만 그림 16에서 보여주는 것과 같이 현재의 그랜드 캐니언과 나아가 콜로라도강은 전형적인 느린 침식 지형을 보여주고 있다.

▍그림 16 / NASA에서 찍은 그랜드 캐니언 인공위성 사진. 어느 것도 급격한 침식과는 거리가 멀다.

만일 노아 홍수와 같은 대홍수가 일어났는데도 현재와 같이 콜로라도강 본류와 지류가 거의 수직으로 만나는 것을 설명하려면 세 가지 가능성밖에 없다. 첫째, 노아 홍수는 대홍수가 아니라 "작은 홍수"였든지, 둘째, 노아 홍수가 수백만 년 동안 일어난 "장기 홍수"였든지, 셋째, 노아 홍수가 아무런 침식작용도 하지 않는 "조용한 홍수"였어야 한다. 하지만 그런 희한한 홍수는 대홍수론자들이 절대로 받아들이지 못할 것이다. 현재와 같이 대부분의 콜로라도강 지류가 본류와 거의 수직으로 만난다는 것은 그랜드 캐니언이 오랜 시간 동안 천천히 침식되었다는 설명 외에는 다르게 설명할 방법이 없다.

화성 연구도 대홍수론 부정

물에 의한 침식 수로는 지구만이 아니라 다른 행성이나 위성에서도 볼 수 있다. 근래 화성 표면에 대한 연구가 진행되면서 화성 표면에 물이 흘렀던 과거의 흔적들 역시 대홍수 효과를 연구하는 중요한 자료가 될 수 있다. 과학자들은 과거에 화성 표면에 대규모 물이 흘렀다는 결론을 내리고 있다. 화성 표면은 홍수의 흔적을 가장 생

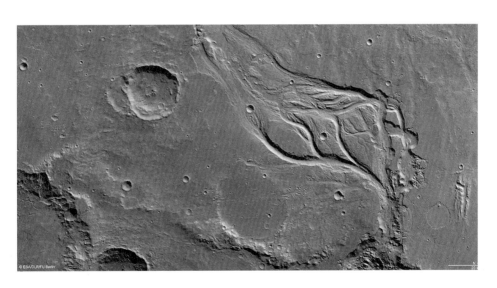

▍그림 17 / 홍수로 인해 형성된 화성 표면의 수로

생하게 볼 수 있다. 화성 표면은 오늘날의 지구와 같은 활발한 퇴적과 침식이 이루어지지 않으므로 과거에 일어난 지질학적 사건의 흔적이 지구보다 훨씬 더 잘 보존되어 있다.

화성 표면에서도 홍수의 효과를 추적하는데 가장 좋은 지역은 카세이 발리스(Kasei Vallis)와 아레스 발리스(Ares Vallis)이다.[10] 그림 17에서 볼 수 있는 것과 같이 화성 표면의 수로의 모습은 미졸라 빙하 홍수 흔적과 크게 다르지 않다. 하지만 화성 표면이나 미졸라 빙하 홍수 흔적은 아래 그랜드 캐니언의 특징과는 전혀 다르다.

---

[10] V.R. Baker, "The Spokane flood controversy and the Martian outflow channels," 〈Science〉 202: 1249~1256 (1978) ; NASA Quest, n.d. Mars Team online photo gallery. 특히 http://quest.arc.nasa.gov/mars/photos/images/marspfsite.gif

타이탄 표면에서도...

근래 카시니 탐사선(Cassini Probe)이 보내온 타이탄 표면 사진도 빠른 침식의 패턴을 보여준다. 토성의 가장 큰 위성인 타이탄 상공을 지나면서 카시니가 촬영한 사진에 의하면 타이탄의 표면에서 액체 메탄의 흐름으로 인한 명백한 침식 수로를 볼 수 있다. 그림 18의 중앙 하단이나 우측 상단의 침식 수로는 사진의 좌측에 있는 액체 메탄 바다(Ligeia Mare)에 연결되어 있다.

액체 메탄 바다

▌ 그림 18 / 타이탄 위성 표면에서 액체 메탄의 흐름으로 인한 침식 수로[11]

그림 18에서 볼 수 있는 바와 같이 본류와 여러 지류가 수직이 아닌 예각으로 만나고 있다는 점도 흥미롭다. 이는 위에서 살펴본 화성 표면의 수로에 비해 침식 속도가 현저히 느리지만, 그림 19에서 볼 수

▌그림 19 / NASA 지구관측국(Earth Observatory)에서 찍은 그랜드 캐니언의 인공위성 사진

---

11 "Flooded canyons spotted on Saturn's largest moon" http://www.sciencemag.org/news/2016/08/flooded-canyons-spotted-saturn-s-largest-moon?utm_campaign=news_weekly_2016-08-12&et_rid=33805988&et_cid=711836 (Aug. 10, 2016); V. Poggiali, M. Mastrogiuseppe, A. G. Hayes, R. Seu, S.P.D. Birch, R., Lorenz, C. Grima, and J. D. Hofgartner, "Liquid-filled canyons on Titan, *Geopysical Research Letters*, 43(2016), doi:10.1002/2016GL069679.

있는 그랜드 캐니언보다는 훨씬 더 빠름을 의미한다. 그랜드 캐니언에서 콜로라도강의 지류와 본류가 만나는 각도가 수직에 가깝다는 것은 그랜드 캐니언이 급격한 대홍수가 아니라 느린 침식에 의해 형성되었음을 보여준다.

그림 19의 인공위성 사진에서 볼 수 있는 것처럼 그랜드 캐니언 계곡에는 거대한 단일 홍수로 갑자기 침식되었다는 증거가 없다. 그랜드 캐니언이나 그 인근 어디에서도 대홍수와 이로 인한 급격한 침식이 일어날 때 기대되는 망상하천 시스템이나 본류와 지류가 만나는 예각으로 만나는 현상이 보이지 않는다. 그랜드 캐니언에 대한 인공위성 사진도 전형적인 느린 침식지형을 보여준다.

수로 형성 모델에 의하면...

지금까지 우리는 물이 흘러가면서 수로를 형성하는 일반적인 모델을 근거로 그랜드 캐니언의 수로 형성 과정을 살펴보았다. 앞에서 제시한 수로 형성 모델(channel formation model)은 명백히 그랜드 캐니언이 오랜 기간에 걸쳐 점진적으로 천천히 퇴적, 침식되었음을 보여준다. 즉 그랜드 캐니언이나 콜로라도강의 지류들이 거대한 규모의 일회적이고 단기적인 홍수에 의해 형성된 것이 아님을 분명히 보여준다. 세인트 헬렌즈 화산 분화로 인해 형성된 미니 캐니언들도 간접적으로나마 그랜드 캐니언이 느린 침식과정을 통해 형성된 것임을 보여주고 있다.

지질학의 많은 현상은 상식에 근거해 설명할 수 있다. 어떤 의미에서 위에서 설명한 초기 수로 형성 모델도 상식에 근거한 모델이다. 우리 주변에서 얼마든지 관찰할 수 있는 현상에 기초하고 있다. 하지만 이러한 상식적 차원의 현상이나 설명조차도 잘못된 선입견을 품게 되면 엉뚱하게 해석될 수 있다. 특히 그 선입견이 주관적인 확신이나 잘못된 성경해석에 의해 강화된다면 교정하기가 매우 어려워진다. 그랜드 캐니언에 대한 대홍수론자들의 설명이 바로 그런 해석의 하나가 아닌가 생각된다.

대홍수론자들은 그랜드 캐니언이 노아의 홍수의 증거라고 성경이 말하고 있는 것처럼 주장한다. 하지만 성경은 이에 대해 아무것도 얘기하고 있지 않다. 성경이 얘기하고 있지 않은 바를 성경이 얘기한다고 주장하는 것은 성경을 왜곡하는 것이다. 또한, 전문 지질학자들이 터무니없는 주장이라고 부정하는 대홍수론을 마치 많은 지질학자가 지지하는 것처럼 주장하는 것은 정직하지 않은 것이다.

"그랜드 캐니언이 노아 홍수 때 만들어졌으며, 따라서 그랜드 캐니언은 성경의 정확성을 보여주는 기념비적 증거"라는 주장은 그리스도인들에게는 정말 매력적인 주장일 수 있다. 특히 자유주의자들에 의해 성경의 권위가 심각한 도전을 받고 있다고 생각하는 많은 그리스도인에게 이러한 주장은 가뭄의 단비일 수 있다.

하지만 은혜가 된다고 해서 거짓 간증을 하고 다녀서는 안 되는 것처럼 성경의 권위를 세우는데 도움이 된다고 엉터리 증거를 제시하면 안 된다. 이것은 마치 예배당을 짓기 위해 건축법을 위반하는 것과 같다. 그랜드 캐니언에 대한 대홍수론자들의 설명이 틀렸다는 것은 이미 오래 전에 전문 지질학자들은 물론 성경의 권위를 믿는 복음주의 지질학자들 사이에서도 잘 알려진 사실이다. 더 이상 과학적으로나 성경적으로 근거가 없는 주장을 해서 하나님의 구원의 계시를 담고 있는 성경을 사람들의 조롱거리로 만들어서는 안 될 것이다!

5 대홍수론자들에 대한 답변

그랜드 캐니언이 노아 홍수 때 만들어졌다는 것은 미국 창조과학연구소(ICR)을 비롯한 창조과학자들의 주장이다. ICR에서는 기독교인들을 대상으로 그랜드 캐니언이 노아 홍수로 인해 형성되었다는 것을 설명하는 창조과학 탐사를 계속하고 있다. 여러 해 전에 필자도 그 탐사팀에 참여해 그랜드 캐니언을 다녀왔다.

　　근래에는 ICR에서 훈련 받은 한국인 중에 그랜드 캐니언 창조탐사를 인도하는 사람들이 있다. 이들은 탐사에 참가한 사람들에게 ICR의 입장을 그대로 전달하면서 그랜드 캐니언이 노아 홍수 때 형성되었다고 주장하고 있다. 그랜드 캐니언에 대한 이들의 설명은 일반 지질학자들은 물론 여러 복음주의권 지질학자들도 받아들이지 않는 주장이지만 이들은 계속해서 ICR의 입장을 전파하고 있다. 아래에서는 그랜드 캐니언 형성과 관련한 대홍수론 모델에 반대하는 필자의 주장에 대해 이들이 제기한 몇몇 반론에 대해 답변한다.

과거의 그랜드 캐니언은 지금과 달랐다

먼저 박창성 목사의 글에 대한 답변이다. 박 목사는 필자를 포함한 여러 사람에게 보낸 반박문에서 "과연 평상시의 강 너비가 100m에 불과한 콜로라도강이 오랜 세월 흐른다고 해서, 그보다 평균적으로 160배나 큰 폭으로 파여진 그랜드 캐니언을 만들 수 있을까? 상식적인 경험만으로도 불가능하다는 생각을 하지 않을 수 없다"고 주장한다. 물론 이 주장은 박 목사의 주장이라기보다 대홍수론자들, 구체적으로 ICR에서 오래전부터 주장하던 바인데 과연 그럴까?

박 목사는 콜로라도강이 과거에도 지금과 같았을 것이라는 동일과정설(同一過程說, uniformitarianism)을 전제하고 있는 것으로 보인다. 하지만 과거에는 지금보다 콜로라도강에 물이 훨씬 더 많았다. 지금부터 150여 년 전, 처음으로 그랜드 캐니언을 탐사했던 사람들의 기록만 보더라도 콜로라도강의 수량이 훨씬 더 많았다. 그랜드 캐니언 국립공원 웹사이트에 있는 내용을 중심으로 몇 가지를 살펴보자.[1]

1963년에 글렌 캐니언 댐(Glen Canyon Dam)이 완공되고, 댐을 건설하는 동안 강물을 우회하기 위해 뚫어놓은 두 개의 가배수 터널(假排

---

[1] https://www.nps.gov/grca/learn/nature/hydrologicactivity.htm

▌그림 1 / 글렌 캐니언 댐과 포웰 호수(Wiki)

水-, diversion tunnel)을 막자 물이 차오르기 시작해 현재의 포웰 호수
(Lake Powell)가 만들어졌다.² 글렌 캐니언 댐은 물을 저장해서 상수원

---

2 가배수 터널은 좌우에 각각 하나씩 뚫었는데 이들은 모두 직경 12m, 길이는 각각
우측 터널은 840m, 좌측 터널은 880m였다. 우측 터널은 보통 때 콜로라도 강물을
우회시키기 위해, 좌측 터널은 수면보다 10m 높은 곳에 뚫어서 홍수 때의 물을 우
회시키기 위함이었다.

등으로 사용하는 것이 일차적인 목적이었고, 수력발전을 하는 것은 이차적인 목적이었다.

글렌 캐니언 댐의 건설과 이로 인한 포웰 호수의 형성은 수백만 년 동안 흐르던 콜로라도강을 완전히 변화시켰다. 편의상 가배수로를 막기 전의 콜로라도강을 구 콜로라도강이라고 하고, 막은 후의 콜로라도강을 신 콜로라도강이라고 부른다. 신 콜로라도강에 비해 구 콜로라도강은 세 가지 점에서 크게 달랐다.

첫째, 구 콜로라도강은 강물이 엄청나게 많은 모래와 토사를 운반했기 때문에 붉은빛이었다. 실제로 1869년에 지질학자 포웰(John Wesley Powell, 1834~1902)이 콜로라도강을 보트로 여행하는 사진을 보면 지금과는 비교할 수 없이 격랑이 이는 것을 볼 수 있다.³ 스페인어로 콜로라도라는 말이 '붉은'이라는 의미라는 데서도 콜로라도강의 과거 상황을 짐작할 수 있다. 게다가 잘 알려진 것처럼 흐르는 물속에 모래와 토사가 섞이게 되면 침식력이 크게 증가하게 된다.

▌ 그림 2 / 포웰(J.W. Powell)과 뮬러(R.A. Muller)가 "Running a Rapid"란 제목으로 제2차 포웰 탐사를 판화로 그린 것(1872년경)⁴

하지만 글렌 캐니언 댐이 건설된 이후 상류에서 내려오던 모래와 토사는 포웰 호수에 갇혀서 더는 하류로 내려오지 않게 되었다. 이로 인해 신 콜로라도강은 지금과 같이 맑아졌다. 물이 맑게 되면 침식력도 현저히 떨어지게 된다. 그러므로 글렌 캐니언 댐을 건설하기 전 콜로라도강의 침식속도는 지금보다 훨씬 더 빨랐다고 할 수 있다.

둘째, 구 콜로라도강의 수량은 계절적인 변화가 엄청났다. 늦은 봄에는 초당 100,000ft^3(입방피트)가 흐르다가 갈수기인 늦은 여름에는 초당 불과 수천ft^3(입방피트)만 흘렀다. 하지만 글렌 캐니언 댐이 건설된 지금은 대체로 초당 8000~25000ft^{3}의 물이 흐를 뿐이다. 계절적인 수량의 변화도 현저히 줄어들었다.

계절적인 수량의 변화는 단지 강의 생태계나 물고기의 종류만 변화시키는 것이 아니라 침식에도 큰 영향을 미친다. 계절적인 수량의 변화가 크지 않으면, 즉 일정한 수량이 흐를수록 강물 가까이 식물들이 자라기 때문에 침식 속도가 떨어진다. 이는 계절적인 수량의 변화가 컸던 구 콜라라도강에서는 신 콜로라도강에 비해 훨씬 빠른 속도로 침식이 일어났음을 의미한다.

셋째, 구 콜로라도강의 수온은 섭씨 0도에서 27도 사이의 변화를

3 "Grand Canyon: The First Expeditions" in https://www.youtube.com/watch?v=mw-bRCSbEF4
4 National Park Service의 Photo Gallery에서 "THE POWELL EXPEDITION" in https://www.nps.gov/media/photo/gallery.htm?id=F7BE1F5D-155D-451F-679F22A39AD87BEA

보였지만, 신 콜로라도강의 수온은 거의 1년 내내 섭씨 8도 정도를 유지하고 있다. 이는 포웰 호수 깊은 곳의 물, 즉 수온의 변화가 거의 없는 물을 빼내어서 수력발전을 하고, 발전에 사용된 물이 하류로 방류되기 때문이다.

강물의 수온도 침식에 영향을 미친다. 일반적으로 수온의 변화가 심할수록 침식 속도도 빠르다. 수온의 변화가 크다면 온도가 높을 때와 낮을 때의 열팽창의 차이 때문에 강바닥이나 인근의 토사나 자갈 등이 단단하게 결합되어 있지 못해서 쉽게 강물에 떠내려갈 수 있기 때문이다.

물론 이런 여러 가지 요소를 고려한다고 해도 위의 과정만 가지고는 현재의 그랜드 캐니언의 모습을 설명하기가 쉽지 않다. 아마 그랜드 캐니언 역사에서 몇 차례의 댐 붕괴와 같은 국부적인 격변이 있었을지도 모른다. 하지만 현재의 그랜드 캐니언이 단 한 차례의 대홍수에 의해 1년 미만의 짧은 시간 동안 형성되었다고 하는 주장은 전혀 맞지 않는 주장이다. 그렇게 해서 그랜드 캐니언이 형성되었다고 한다면 여러 예상되는 증거들이 남아 있어야 하는데 그렇지 않다.

창조과학자들도 부정하는 이론

창조과학자들은 한때 그랜드 캐니언 형성과 관련해 수증기층 이론(Vapor Canopy Theory)과 격변적 판구조론(Catastrophic Plate Tectonics)을 주장했다.[5] 박창성 목사는 이에 대해 이렇게 말한다:

> "그랜드 캐니언의 형성과정을 이해하려면, 먼저 노아의 홍수가 어떻게 일어나게 된 것인지 원리를 알아야 한다. 그 원리에 대해서는, 대기층 위에 존재했던 짙은 수증기층이 비로 쏟아져 홍수가 났다는 수증기층 이론, 땅이 갈라지는 지각 변동이 일어나 바닷물이 넘쳐서 대륙을 휩쓰는 해일에 의한 홍수가 일어났다는 등이 있다. 필자는 그 중에서 격변적 판구조론이 가장 타당하다고 생각한다."

---

5 격변적 판구조론: 바움가드너(John Baumgardner) 등 몇몇 창조과학자들이 주장한 주장이다. 잘 알려진 것처럼 지구표면은 여러 판들로 구성되어 있고, 이들은 매우 느린 속도로 움직이고 있다. 그리고 과거에는 이들이 모두 한 곳에 모여 초대륙을 이룬 적이 있음도 분명하다. 창조과학자들은 지금과 같은 판의 속도를 생각한다면 지구의 나이를 수 억 년이라고 하지 않을 수가 없기 때문에 젊은 지구론에 맞추기 위해 격변적 판구조론을 제안하였다. cf. http://www.kacr.or.kr/library/itemview.asp?no=3964

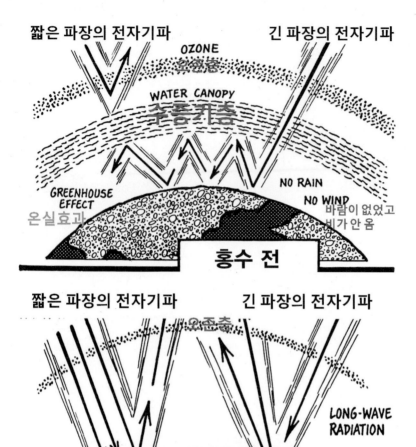

짧은 파장의 전자기파   긴 파장의 전자기파

OZONE
오존층

WATER CANOPY
수증기층

GREENHOUSE
EFFECT
온실효과

NO RAIN
NO WIND
바람이 없었고
비가 안 옴

홍수 전

짧은 파장의 전자기파   긴 파장의 전자기파

오존층

LONG-WAVE
RADIATION

홍수 후

┃ 그림 3 / 홍수 전(위)과 후(아래)의 수증기층 이론. 홍수 전에는 궁창 위에
수증기층이 있어서 온실효과로 인해 지표면이 매우 따뜻했고 유해한 전자
파를 차단해서 사람들의 수명이 길었다고 본다.[6]

과연 수증기층 이론과 격변적 판구조론이 타당한 주장인가? 박 목사를 비롯한 대홍수론자들은 위 두 가지 주장들(수증기층 이론과 격변적 판구조론)이 성경의 지지를 받는다고 말한다. 하지만 이 두 주장은 성경 어디에도 없을 뿐 아니라 이제는 창조과학자들 스스로 부정하고 있다.

수증기층 이론

우선 수증기층 이론부터 생각해 보자. 그림 3과 같이 대홍수론자들은 노아 홍수가 포화수증기 상태로 존재하던 궁창 위의 물이 응결되어 쏟아짐으로 시작되었다고 주장한다. 그리고 이의 성경적 근거로는 "하나님이 이르시되 물 가운데에 궁창이 있어 물과 물로 나뉘라 하시고 하나님이 궁창을 만드사 궁창 아래의 물과 궁창 위의 물로 나뉘게 하시니 그대로 되니라"(창1:6~7)는 구절을 제시한다. 과연 이 궁창 위의 물이 대홍수 전 포화수증기 상태로 존재하다가 노아 홍수를 일으켰던 물일까?

이에 대해 호주 창조과학회인 AiG(Answers in Genesis) 웹사이트에는 "우리 창조론자들이 사용하지 말아야 할 주장들(Arguments we think creationists should NOT use.)"이라는 글에서 "대홍수 이전에 지구를 둘러싼 궁창 즉 수권층이 있었다"라는 주장을 "B. 의심스럽기 때문에 권하지 않는 주장들"의 카테고리로 분류했다. AiG는 그 이유를 다음과

---

6 http://www.rtgmin.org/2012/06/08/canopy-theory/

같이 설명한다.[7]

> "지구를 둘러싼 수권층이 있었다는 주장의 가장 큰 난제는 지구표면
> 의 기온이 견딜 수 없을 정도로 높아진다는 것이다. 이러한 난제를 해
> 결하기 위해서 12m로 설정했던 수권층을 줄이면 겨우 50cm에 불과
> 했다. 이러한 수권층의 물로는 40일 동안 대홍수 기간에 내린 비의 양
> 과 일치하지 않는다. 많은 창조과학자는 이제는 수권층 이론을 필요하
> 지 않거나 포기하고 있다. 2m 이상을 넘는 수권층은 지구의 온도를 참
> 을 수 없을 정도로 높여버리기 때문에, 수증기층 이론은 더 이상 대홍
> 수 때 내린 비의 중요한 근원으로 삼기 어렵다."

격변적 판구조론

다음으로 그림 4에서 나타낸 격변적 판구조론을 살펴보자. 대홍수
론자들은 "땅이 갈라지는 지각 변동이 일어나 바닷물이 넘쳐서 대륙
을 휩쓰는 해일에 의해 홍수가 일어났다는 격변적 판구조론"이 성경
의 지지를 받는다고 주장한다. 그리고 그것의 성경적 근거로 창세기
10장의 "에벨은 두 아들을 낳고 하나의 이름을 벨렉이라 하였으니 그
때에 세상이 나뉘었음이요 벨렉의 아우의 이름은 욕단이며"(창 10:25)

---

7 수증기층 이론의 문제에 대해서는 http://www.answersingenesis.org/home/
area/faq/dont_use.asp이나 https://answersingenesis.org/environmental-
science/the-collapse-of-the-canopy-model/을 참고하라.

를 제시한다.

　AiG (Answers in Genesis)는 웹사이트에서 "벨렉(Peleg)이 살던 때 세상이 나뉘었다(창세기 10장 25절)라고 한 것은 대륙의 갈라짐을 의미한다"는 주장을 "C. 일반적인 개념 오해/잘못된 이해"의 카테고리로 분류했다. AiG는 그 이유를 "만약 유라시아판, 아프리카판, 그리고 아랍판이 아직 이러한 산맥들을 만들기 위해 충돌하지 않았다면 창세기 8장 4절에 나온 '대홍수가 난지 150일째에 닻을 내린 아라랏산'이 존재할 수 있겠는가?"라고 말한다. 즉 "세상이 나뉘었음"을 격변적 판구조

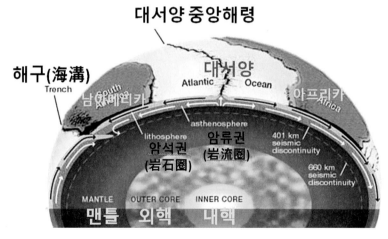

■ 그림 4 / 창조과학자들이 젊은 지구론에 맞추기 위해 주장하는 격변적 판구조론[8]

---

8 https://answersingenesis.org/geology/plate-tectonics/can-catastrophic-
plate-tectonics-explain-flood-geology/

론의 증거라고 한다면, 그리고 그 이전에는 판들의 이동이 없었다면 판들의 충돌로 만들어진 높은 산들은 존재하지 않았을 것이고, 당연히 현재와 같이 높은 아라랏산도 존재하지 않았을 것이다!

부연하자면 창세기 11장에 나오는 벨렉의 때에 지구의 판들이 움직이고 충돌해 지금과 같은 높은 산과 해구가 만들어졌다면 그보다 이전인 창세기 8장에 등장하는 아라랏산은 어떻게 생겼는지 설명할 수 없다. 만일 아라랏산이 판들의 충돌 이전부터 존재했다고 한다면 지금과 같은 높이가 아닌, 흔히 볼 수 있는 낮은 야산 혹은 높은 언덕 정도였을 것이고, 노아 홍수가 그 정도 높이의 산을 덮는 홍수였다면 전지구적이 아닌, 국부적인 홍수에 불과했을 것이다. 하지만 국부적인 홍수나 조용한 홍수 등의 개념은 창조과학자들이 도무지 받아들일 수 없는 것인데 왜 이런 자기충돌적인 주장이 나오는 것일까?

이런 희한한 주장들은 모두 대홍수론자들이 성경을 과학교과서로 생각했기 때문에 나온 것이다. 하지만 대부분 복음주의 성경학자는 성경은 과학교과서로 주어진 것이 아니라 우리의 구원을 위해 주어진 책이라는 것을 기억해야 한다고 말한다. 수증기층 이론이나 격변적 판구조론을 성경이 지지한다고 주장하는 것은 성경을 과학교과서로 생각하는 것이며 이는 잘못된 성경관을 보여주는 것이다. 물론 때때로 성경에는 현대 과학의 입장에서 보더라도 놀라운 주장들이 있는 것이 사실이다. 하지만 대홍수론자들이 말하는 위의 두 주장은 현대 과학의 관점에서 전혀 맞지 않는 주장이다.

그랜드 캐니언에 테일러스가 없다고?

또한 박창성 목사는 그랜드 캐니언에 테일러스(talus)가 없는 것이 대홍수론의 증거라고 주장한다. 물론 이 주장도 박 목사 자신의 주장이라기보다 ICR 웹사이트에 실린 토마스(Brian Thomas)의 주장을 인용한 것이다.[9]

"보통 풍화와 침식이 활발하게 진행되고 있는 절벽 아래에는 부서진 암석과 흙이 많이 쌓이게 되는데, 이것을 '테일러스'라고 한다. 만약 그랜드 캐니언이 오랜 세월 동안의 풍화와 빗물, 콜로라도강의 침식으로 이루어졌다면, 계곡 양쪽 사면은 부드러운 곡선을 나타내거나, 아래에 많은 테일러스가 쌓여 있어야 한다. 그런데 그랜드 캐니언을 실제로 가까이 가서 관찰하면, 수직 절벽과 가장자리가 날카로운 부분이 많으며, 마치 최근에 물로 씻겨 내려간 것처럼 깨끗하고, 많은 양의 테일러스가 보이지 않는다. 그랜드 캐니언 뿐만 아니라, 콜로라도 고원 일대의 침식지형에서 공통적으로 볼 수 있는 현상이다. 이것은 대홍수가

---

9 Brian Thomas, "The Mystery of Missing Talus," http://www.icr.org/article/
mystery-missing-talus/

수백만 년이 아닌, 비교적 가까운 시기에 일어났으며, 후퇴할 때 침식한 물질을 부근에 퇴적하지 않고, 바다로 되돌아가면서 아주 먼 곳으로 운반했기 때문일 것이다."

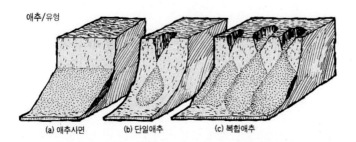

애추/유형

(a) 애추사면   (b) 단일애추   (c) 복합애추

| 그림 5 / 테일러스 유형과[10] 테일러스[11]

테일러스란 그림 5와 같이 가파른 낭떠러지 아래나 경사가 급한 산기슭에 모난 암석 조각들이 모여 원추형 혹은 고깔 모양으로 쌓여있는 지형을 말한다. 우리말로는 절벽(崖) 아래 뾰족한 원추(錐) 모양으로 쌓여있는 암석 조각들의 무더기라고 해서 애추(崖錐)라고 부른다.[12] 과연 그랜드 캐니언에 테일러스가 적은 것이 그랜드 캐니언이 대홍수에 의해 형성되었다는 증거가 될 수 있을까? 이 주장의 문제점은 다음과 같다.

첫째, 그랜드 캐니언 위쪽은 대부분 상당히 급한 절벽으로 이루어져 있어서 테일러스가 쌓여있을 수가 없다. 절벽에서 떨어진 암석 조각들은 대부분 계곡 바닥 가까운 것으로 떨어질 수밖에 없다. 이는 대홍수가 아니더라도 콜로라도강물에 의해 얼마든지 아래로 씻겨 내려갈 수 있다. 앞에서 언급한 것처럼 콜로라도강은 글렌 캐니언 댐이 만들어지기 전까지만 해도 우기에는 많은 물이 흘렀기 때문에 바닥 근처의 테일러스들은 씻겨 내려갔다고 할 수 있다.

둘째, 그랜드 캐니언은 대부분이 풍화 혹은 물에 의해 침식되기 쉬운 석회암이나 사암 등으로 이루어져 있다. 박창성 목사는 그랜드 캐니언에 테일러스가 없다는 점을 설명하기 위해 요세미티 국립공원(Yosemite National Park) 계곡에 쌓여 있는 많은 테일러스를 예로 들고

10 http://www.scienceall.com/%EC%95%A0%EC%B6%94talus/
11 http://atlas.horniny.sci.muni.cz/sedimentarni/obecne_obr/sedim_obr5.html
12 양승영 편저, 《지질학 사전》(교학연구사, 2001)

있다. 하지만 우리가 아는 것처럼 요세미티는 단단한 화강암이나 현무암으로 이루어진 계곡이다. 당연히 테일러스도 화강암이나 현무암일 것이고 이런 테일러스들은 석회암이나 사암과 같은 퇴적암들에 비해 풍화나 침식에 매우 강하다. 게다가 요세미티에는 콜로라도강과 같은 큰 강도 존재하지 않는다. 그러므로 요세미티의 테일러스를 예로 들면서 그랜드 캐니언의 테일러스가 없는 것을 대홍수의 증거로 사용해서는 안 된다. 두 지역은 생성 과정이 전혀 다르다!

셋째, 그랜드 캐니언에 테일러스가 없거나 적다고 했는데 이는 위에서 언급한 토마스가 테일러스가 없는 부분만을 답사했기 때문이

▌ 그림 6 / 그랜드 캐니언 곳곳에 남아 있는 테일러스[13]

아닌가 생각된다. 구글 검색기에 "talus in Grand Canyon"이라고 적고 이미지 검색을 해보라. 그랜드 캐니언에는 그림 6과 같은 테일러스가 많이 있다! 당연히 콜로라도강물이 지나가는 하상 인근에는 과거에 강물이 많이 흐르던 시절에 모두 쓸려 내려갔을 것이므로 테일러스가 없겠지만 강물이 닿지 않는 약간 높은 곳에는 지금도 테일러스가 많이 있다. 만일 오래지 않은 과거에 그랜드 캐니언을 뒤덮은 거대한 홍수에 의해 테일러스가 모두 쓸려 내려갔다면 콜로라도강 하상은 물론 꽤 높은 곳에 있는 테일러스까지 모조리 쓸려갔을 것이지만 그랜드 캐니언 내부 곳곳에 아직 테일러스가 많이 남아있다!

13 P. Joy in http://talusslopes.blogspot.ca/2010/08/trip-report-hiking-in-grand-canyon.html

쉐퍼드 논문이 대홍수론을 지지한다고?

🌵　　다음에는 이재만 선교사의 반론을 살펴보자. 이재만 선교사는 필자가 쓴 "그랜드 캐니언이 노아 홍수 때 생기지 않았다는 증거"[14]라는 글에 대해 반론을 쓰면서 쉐퍼드(R. G. Shepherd)의 〈Science〉 논문을 인용했다. 이 선교사는 그 논문이 마치 대홍수론을 지지하는 것처럼 주장하고 있다.[15] 하지만 그 논문은 인위적으로 만든 사행수로에서 흐르는 물이 어떻게 측방침식 및 하방침식을 일으키는지를 연구한 논문이다. 이 논문은 주어진 사행수로에서 "하방절개 및 측방절개의 원리와 조절"(the mechanics and controls of vertical and lateral incision)의 수수께끼를 풀었다는 점에서 〈Science〉에 실릴만한 논문이라 생각된다.[16]

하지만 이재만 선교사는 그 논문을 저자의 의도나 문맥과 전혀 다르게 인용했다. 이 선교사가 쉐퍼드 논문을 인용한 것의 가장 큰 문제

---

14 양승훈, "그랜드 캐니언이 노아 홍수 때 생기지 않았다는 증거," 〈뉴스앤조이〉
　　(2016.8.28.)
15 이재만, "그랜드 캐니언, 전 지구적 홍수로 형성," 〈뉴스앤조이〉 (2016.9.4.)
16 R. G. Shepherd, "Incised River Meander: Evolution in Simulated Bedrock,"
　　〈Science〉 178: 409~411 (1972)

는 그 논문이 그랜드 캐니언에 대한 대홍수론적 해석과는 아무런 관계가 없다는 점이다. 이를 위해 아래에서 쉐퍼드 실험의 핵심적인 부분을 좀 살펴볼 필요가 있다.

쉐퍼드는 이 실험을 위해 그림 7과 같은 인공적인 모의 암반(simulated bedrock)을 만들었다. 모의 암반은 모래와 미사질 점토(微砂質 粘土, silt clay)와 고령석(高嶺石, kaolinite)을 각각 79:19:11의 비율로 잘 혼합해서 걸쭉하게 만든 후 이를 그림과 같이 길이 60ft(18.28m), 넓이 4ft(1.22m) 수로에 부어넣었다. 처음에는 수로를 기울여서 혼합물이 골고루 퍼지게 한 후 모의 수로를 수평으로 만들고 2주일 동안 건조시켰다. 건조된 후에는 수로 양쪽에 1.5ft(45.75cm)의 수직 제방이 무너지지 않을 정도로 혼합물이 단단하게 굳었다.

▎ 그림 7. 쉐퍼드가 사용한 모의 수로 장치

일단 이렇게 만들어진 모의 암반에 쉐퍼드는 손으로(manually) 곡류 수로(曲流 水路, sinuous channel)를 팠다. 그런 후에 그는 모의 수로에 물을 흐르게 해 곡류 수로가 어떻게 침식(절개)되는지를 조사했다. 당연히 모의 수로의 기울기를 증가시킬수록, 즉 물의 속도가 빨라질수록 점점 더 강한 침식이 일어났다. 쉐퍼드는 총 73시간 동안 물을 흘리면서 침식 패턴을 조사했는데 침식 패턴은 그림 8과 같았다. 당연히 물의 속도(수로의 기울기)를 증가시킴에 따라 침식속도도 증가했다. 쉐퍼드의 결론은 물의 속도가 증가함에 따라 측방침식만이 아니라 하방침식이 동시에 일어난다는 것이었다.

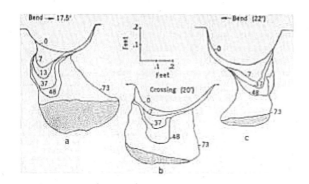

▎그림 8 / 시간에 따른 좌측 만곡부(a)와 우측 만곡부 (c), 그리고 그 중간부(b)에서 침식의 횡단면. 숫자는 물을 흘리기 시작한 후 경과한 시간을 나타내며, 그늘진 곳은 모래가 퇴적된 것을 표시한다.

쉐퍼드는 이 모의실험을 통해 작은 강에서 수량이 적게 흐를 때는 측방침식이 지배적으로 일어나고 큰 강에서 많은 수량이 흐를 때는 하방침식이 더 크게 일어난다는 것을 증명했다. 이 결과를 기초로 쉐퍼드는 유타주 남동쪽에 있는 에스칼란테강(Escalante River)과 같은 강에서는 측방침식이 강하게 일어나서 심한 곡류가 형성된 것을 설명할 수 있었다. 반면에 콜로라도강의 지류 중에서 유타주 구스넥스 주립공원(Goosenecks State Park)을 관통하는 산후안강(San Juan River)과 같이 많은 물이 흐르는 강에서는 하방침식이 강하게 일어난 것을 설명할 수 있었다.

이재만 선교사는 급격한 홍수는 사행천을 만들지 않는다는 필자의 주장을 반박하기 위해 이 실험을 인용했지만, 위에서 설명한 것처럼 이 실험은 노아 홍수와 같이 크고 급격한 대홍수가 났을 때 그랜드캐니언이나 콜로라도강과 같이 심한 사행천이 만들어지는지를 증명한 연구가 아니다. 이 실험에서는 물을 흘리기 전에 이미 실험자가 사행하는 모의 수로를 만들어 두고 이 수로가 뒤이어 흘려보낸 물에 의해 어떻게 측방으로, 혹은 하방으로 침식되는지를 조사한 것이다. 구체적으로 흘려보낸 물의 양과 물을 흘려보내는 주기가 측방침식과 하방침식에 어떤 영향을 미치는지를 조사한 것이다. 쉐퍼드의 실험은 노아 홍수와 같이 급격히 흘러가는 물에 의해 사행천이 만들어지는 것을 증명한 실험과는 무관하다. 이 선교사는 원저자의 의도와 무관하게, 논문의 내용을 왜곡, 인용했다는 말이다. 아니면 이 선교사는 그 논문을 제대로 읽어보지도 않고 인용한 것이 아닌가 생각된다.

쉐퍼드의 논문에서 사용하고 있는 유속과 흐르는 물이나 물질의 양을 보더라도 저자가 전혀 노아 홍수와 같은 대격변을 염두에 두고 실험한 것이 아님을 알 수 있다. 쉐퍼드가 사용한 장치는 앞에서 언급한 것처럼 길이 60ft(피트)(18.28m), 넓이 4ft(1.22m), 높이 1.5ft(45.75cm)의 수로였다. 그는 침식이 좀 더 효과적으로 일어나도록 1분에 30~50g/min의 속도로 모래를 물속에 섞어 넣었으며, 그가 사용한 모의 수로의 경사도 0.0167이었다! 이 수로를 통해 쉐퍼드는 초당 2.8ι(리터)의 물을 흘려보냈다.

수로의 크기와 경사도, 그리고 1초당 흘려보낸 물의 양을 생각하면 이 모의 수로를 흐르는 물은 급격한 홍수가 아니라 매우 느린 물의 흐름을 모의한 것임을 알 수 있다. 이 선교사는 도대체 이런 모의 실험결과를 어떻게 대홍수론을 모의한 실험결과로 인용하는가? 다시 말해 이렇게 얻은 데이터를 어떻게 노아 홍수가 그랜드 캐니언과 같은 거대한 침식계곡을 만들었다고 주장하는 데 사용하는가? 쉐퍼드의 논문은 느린 침식에 의한 초기 수로 형성의 모의실험은 될 수 있지만, 전 지구적 홍수에 의한 그랜드 캐니언 형성과는 무관한 연구다. 이 선교사는 다른 사람의 논문을 문맥에 맞지 않게 아전인수격으로 해석해서는 안 된다.

가끔 획기적 과학 논문 한편이 시대를 바꾸는 경우가 있다. 하지만 일반적으로 과학은 전문가들의 다양한 의견이 경합을 벌이다가 점점 어느 한쪽으로 증거가 모이고, 흔히 말하는 주류 이론이 만들어진다. 그랜드 캐니언이 오랜 기간 느린 침식에 의해 형성되었다는 주장도 마찬가지다. 이 이론이 지질학계의 주류 이론이 된 것은 수많은 이론이 경합을 벌이다가 연구가 진행됨에 따라 지배적인 증거들을 중심으로 전문학자들의 의견이 모였기 때문이다.

　　그랜드 캐니언이 대홍수에 의해 생겼을 가능성은 이미 오래전에 제기된 적이 있었다. 하지만 지금은 창조과학자들을 제외하면 지질학계에서 완전히 폐기된 주장이다. 처음에는 지질학자 중에서도 대홍수의 가능성을 염두에 두고 연구하던 사람들이 있었다. 하지만 시간이 지나면서 그 주장은 증거가 부족하거나 불충분해서 전문 지질학자들이 더 이상 받아들이지 않게 되었다.

예의를 갖추고 전문가들을 설득해 보라

만일 이 선교사가 얘기하는 것처럼 정말 그랜드 캐니언이 노아 홍수라는 전 지구적 격변에 의해 형성되었다면, 그리고 이것을 증명할 수 있는 새로운 증거들이 발견되었다면 그 획기적인 주장을 왜 전문 지질학자들 앞에서는 발표하지 않는가? 왜 대부분 지질학적 배경이 전무한 일반 교인들 앞에서만 얘기하는가?

아직도 일반 지질학회는 진화론자들이나 무신론자들이 세력을 잡고 있어서 발표할 기회를 주지 않는다고 궁색하게 변명할 것인가? 모든 지질학자가 진화론 이데올로기에 찌든 사람들이라고 폄훼해서는 안 된다. 아무리 진화론 지질학자라고 해도 적어도 학자라고 한다면 본인의 학문적 입장과는 무관하게 정상적인 학술활동의 결과를 발표하는 것을 막는 막무가내의 사람들이 아니다.

필자는 오랫동안 여러 지질학자와 교류하면서(주로 그리스도인 지질학자들이 많았지만) 정상적인 학술활동을 하는 사람이라면 자신의 주장과 일치하지 않는 사람의 주장이라도 최소한의 학술적 증거와 논리를 제시하는 사람들에 대해서는 관대한 것을 보았다. 그러므로 더 이상 단지 창조론적 관점을 가졌다는 이유만으로 지질학회에서 발표하지 못하게 한다는 궁색한 변명을 해서는 안 된다. 그것은 그리스도인

인지 아닌지를 떠나 성실한 지질학자들을 모욕하는 말이다. 그런 변명을 하기 전에 먼저 자신의 주장이 얼마나 설득력 있는 증거와 논리 위에 세워져 있는지, 터무니없는 성경해석에 기초하고 있지는 않은지 돌아보아야 한다.

참고로 필자는 여러 해 전에《다중격변창조론》이라는 지질학 관련 서적을 발표하면서 그 책에 대한 몇몇 지질학자들의 의견을 들은 적이 있다. 그들은 창조론자인 필자의 모든 주장에 동의하는 사람들이 아니었다. 하지만 그들이 동의하는 부분과 동의하지 않는 부분에 대한 건설적인 조언을 받은 적이 있다.

본 장을 마치면서 박창성 목사, 이재만 선교사 두 분에게 몇 가지 부탁하고 싶은 것이 있다. 첫째, 선택적으로 창조과학자들의 글만 읽지 말고 그랜드 캐니언을 전문적으로 연구한 여러 지질학자들의(그들의 종교적 배경과는 무관하게) 글을 골고루 읽어보기를 바란다. 두 사람은 학자는 아니지만, 적어도 학부 수준에서는 지질학을 공부한 분들이니 영어로 된 전문 지질학 논문도 읽을 수 있을 것이다. 이런저런 논문들을 찾아서 다 읽기가 어렵다면 필자가 앞에서 인용한 캐롤 힐(Carol Hill) 등이 공저한《그랜드 캐니언, 오래된 지구의 기념비》(The Grand Canyon, Monument to an Ancient Earth)(2016)라는 책을 주의 깊게 읽어보기 바란다. 그리고 문헌들을 읽을 때는 아전인수격으로 인용하지 말고 앞뒤 문맥을 잘 살펴보고 저자가 제시하고자 하는 논지를 정확하게 파악해서 인용하기 바란다.

둘째는 성경이 말하고 있지 않은 바를 지나치게 확대해석하지 말라는 것이다. 어쩌면 노아 홍수가 그랜드 캐니언의 형성에 부분적으로 영향을 미쳤을지도 모른다. 하지만 노아 홍수로 인해 그랜드 캐니언 전체가 만들어졌다는 주장은 전문 지질학자들이 이미 오래전에 틀렸다고 결론을 내린 주장이다.

그러면 지질학 말고 성경은 오늘날 대홍수론(홍수지질학이라고도 부르는)에서 말하는 바를 지지하는가? 도대체 성경 어디에서 노아 홍수 때 그랜드 캐니언이 만들어졌다고 말하는가? 성경은 노아 홍수를 말하고 있지만, 노아 홍수로 그랜드 캐니언이 만들어졌다는 등의 얘기는 성경 어디에서도 찾아볼 수 없다. 그랜드 캐니언이 노아 홍수 때 만들어졌다는 주장은 이데올로기화된 젊은 지구론에 끼워 맞추기 위한 창조과학자들의 틀린 성경해석일 뿐이다. 성경을 잘못 해석하는 것도 문제지만, 성경이 말하고 있지 않은 바를 성경이 말하고 있는 것처럼 주장하는 것도 성경을 왜곡하는 것이다. 잘 모르면 모른다고 말하는 것이 학자의 바른 자세임은 물론 그리스도인의 바른 자세다!

6 마치면서

"그랜드 캐니언은
노아 홍수때
만들어지지 않았다"

지금까지 그랜드 캐니언 지질학과 1년 미만의 노아 홍수로 인해 그랜드 캐니언이 갑자기 형성되었다는 대홍수론의 문제점을 살펴보았다. 노아 홍수는 창세기에 기록된 명백한 사실이지만, 그것이 그랜드 캐니언을 형성했다고 하는 주장은 터무니없는 이론이다. 물론 전문 지질학계에서도 오래전부터 그랜드 캐니언 형성에 관한 모델 중 하나로 홍수모델이 있었다. 하지만 지질학자들이 말하는 홍수는 오늘날 대홍수론자들이 말하는 홍수와는 전혀 규모가 다르다. 지질학자들이 말하는 홍수는 대홍수론자들이 말하는 전 지구적 홍수가 아니라 국부홍수였다. 지금은 대부분 지질학자가 그랜드 캐니언의 형성에 대한 홍수론적 설명을(규모와 관계없이) 받아들이고 있지 않다.

필자가 그랜드 캐니언에 대한 대홍수론적 해석을 비판하는 것은 그 주장이 지질학적으로 바르지 않기 때문이기도 하지만 성경을 마치 지질학 교과서인 것처럼 착각하는 잘못된 성경관 때문이다. 그랜드 캐니언이 노아 홍수 때 만들어졌다고 하는 주장은 기독교 신앙의 근본과 성경과 과학, 신앙과 학문의 관계를 왜곡시킬 수 있다. 결론적으로 그랜드 캐니언에 대한 대홍수론적 해석의 문제는 다음 세 가지로 요약할 수 있다.

첫째, 성경을 왜곡하는 것이다. 성경은 노아 홍수를 설명하기 위해 긴 지면을 할애하고 있지만, 홍수의 지질학적 측면을 설명하는 데는 별 관심이 없다. 창세기 기자는 인간의 죄가 얼마나 심각했고, 이에 대한 하나님의 진노가 얼마나 무서운가를 설명하는 데 초점을 맞추고 있다. 대홍수론자들의 주장은 성경이 가르치지 않는 바를 가르치고, 성경이 강조하고 있지 않은 바를 강조하는 것이다. 노아 홍수에 대한 성경해석학적 연구를 위해서는 복음주의 학자들의 창세기 해석을 살펴보기 바란다.[1]

둘째, 과학을 왜곡하는 것이다. 현대 과학, 특히 지질학과 같은 기초과학은 전문적인 연구자가 되기까지 오랜 시간과 훈련이 필요하다. 물론 과학사를 살펴보면 전문가 집단도 때로 오류를 범하기도 했지만, 그랜드 캐니언과 같이 엄청나게 많은 연구가 이루어진 경우 아마추어들의 주장이 맞을 가능성은 전무하다. 전문 과학자들이 그랜드 캐니언에 관해 쓴 논문과 책, 연구결과들을 보라.[2] 논문이나 책에서 학자들의 종교적 배경을 밝히고 있지는 않지만, 그랜드 캐니언 전문 학자 중 상당수는 성경을 믿는 복음주의 그리스도인임이 분명하다.

셋째, 기독교를 왜곡하는 것이다. 성경이 가르치지 않는 바를 성경이 가르친다고 주장하며, 터무니없는 주장을 성경의 가르침인 것처럼 주장하면 러셀(Bertrand Russell, 1872~1970)이나 도킨스(Richard Dawkins, 1941~)와 같은 "기독교 안티들"이 끊임없이 나올 것이다. 그들은 기독교 배경의 영국 사회에서 자랐지만, 교회를 비난하는데 평생을 보냈다. 특히 목사의 아들로 태어나 100년 가까운 긴 인생을 살면서 한평생 교회를 적대시하면서 지낸 러셀은 "기독교 신학은 인간의 야만상태를 조장했다"라고 비난했다.[3] 왜 그랬을까? 혹 기독교인들이 기독교의 이름으로 "야만적인" 주장을 했기 때문은 아닐까?

그랜드 캐니언이 노아 홍수 때 만들어졌다는 것과 같은 터무니없는 주장을 성경적이라고, 기독교적이라고 주장하는 것은 단순히 자신만의 무지로 끝나지 않는다. 이것은 복음을 정면에서 가로막을 수 있다. 근래에 창조과학의 트레이드마크인 젊은 지구론 때문에 교회를 떠나는 "창조과학 난민들"이 많다는 얘기를 듣고 있다. 물론 이들은 대부분 젊은 지성인이나 과학 분야에서 연구하는 학자들이다. 하지만 젊은 지구론을 지지하기 위해 도입한 대홍수론 역시 "창조과학 난민들"을 만드는데 일조하고 있는 것이 아닌가 생각된다.

복음이 지식으로만 이루어진 것은 아니지만, 그렇다고 무지와 동의어는 더더욱 아니다. 우울함이 영성의 표현이 아니듯 무지는 경건의 표지가 아니며, 그리스도인이라고 해서 무지해서는 안 된다. 물론 모든 사람이 지질학자나 천문학자가 될 수도, 될 필요도 없다. 하지만 해당 분야의 전문가들이 오랜 연구를 통해 발견한 사실들을 제대로 연구도 하지 않는 사람들이 성경을 앞세워(성경이 그렇게 주장하지도 않는데) 마구 부정해서는 안 된다.

휘튼대학 철학과 교수였던 홈즈(Arthur F. Holmes, 1924~2011)의 지적

---

1 예를 들면 양승훈, 《창조에서 홍수까지》(CUP, 2014) Part II, "노아 홍수"에 있는 참고문헌들을 보라.

2 S. S. Beus, and M. Morales, editoes, *Grand Canyon Geology* 2nd edition (London: Oxford University Press, 2002); Halka Chronic, *Roadside Geology of Arizona* (Missoula: Mountain Press Publishing, 1983) ; Wilfred A. Elders, "Bibliolatry in the Grand Canyon," *Reports of the National Center for Science Education* 18(4): 8~15 (July/August 1998).

3 Bertrand Russell, 《종교와 과학》, 180면.

과 같이 하나님은 진리의 주인이시고, 모든 진리는 누가, 어디에서 발견하든 하나님의 진리라는 것이 오랜 기독교의 전통이다. 이는 비기독교인 학자들이 발견한 진리라도 진리는 하나님의 것이라는 의미다. 이 말을 뒤집으면 진리는 기독교적이고 성경적이지만, 비진리는 비기독교적이고 비성경적이라는 말이다. 성경을 많이 인용한다고, 기독교적 용어를 많이 사용한다고 기독교적이 되는 것도 아니고, 비진리가 진리가 되는 것도 아니다.

| 그림 1 / 홈즈 교수와 그의 저서

우리는 성경을 수없이 인용하면서 엄청난 오류와 무서운 죄를 지었던 교회사의 많은 사건을 알고 있다. 그러므로 대홍수론자들은 성경을 많이 인용하지만, 자칫 하나님을 대적할 수 있다는 점을 기억해야 한다. 특히 대박을 운운하며 투자를 권유하는 사람 중에 사기꾼이 많듯이 성경의 진리를 "쌈빡하게" 보여주는 과학적 증거가 있다고 주장하는 사람이 있다면 일단 조심해야 한다. 성경을 증거하는 과학적 증거들이 없는 것은 아니지만, 과학적 증거들을 아전인수격으로 해석할 가능성이 높기 때문이다. 특히 그렇게 주장하는 사람이 그 과학적 증거와 유관한 분야에서 정상적인 학술활동을 하는 사람이 아닌 경우에는 매우 조심해야 한다.

그랜드 캐니언이 노아 홍수 때 만들어졌다는 대홍수론을 주장하고, 지구의 창조연대가 46억 년, 우주의 창조연대가 138억 년이라는 과학자들의 결론을 부정하며, 우주와 지구가 6천 년 되었다는 젊은 지구론을 믿는다고 해서 그 자체만으로 지옥으로 떨어지지는 않을 것이다. 하지만 그런 터무니없는 주장을 성경적이라고 주장하는 것으로 인해 많은 지성인이 분노하면서 교회를 떠나게 만든다면 이는 자연주의, 유물론, 무신론적 진화론의 폐해 못지않게 하나님의 교회에 해를 끼칠 수 있다.

거듭 말하지만, 필자는 창세기의 창조기사나 노아 홍수의 역사성은 물론 성경의 영감성과 무오성, 무류성을 의심 없이 받아들이는 사람이다. 하지만 이것은 어디까지나 건강한 신학적, 해석학적 소양을 전제로 했을 때 그렇다는 말이다. 불건전한 신학적 기초 위에서 부정확한 지식과 잘못된 확신, 여기에 엉뚱한 열정까지 곁들이게 되면 차라리 무지한 것보다 못할 수도 있다. 돌아보건대 '인간을 궁지로 몰아넣는 것은 무지가 아니라 잘못된 확신'임이 분명하다. 그리고 그 잘못된 확신이 종교와 신앙을 빙자한 열정과 결합할 때는 더더욱 그러하다. 죠시 빌링스(Josh Billings, 1818~1885)의 말처럼 "잘못된 것을 아는 것보다 차라리 아무것도 모르는 편이 더 낫다."[4]

대홍수론, 나아가 창조과학으로 인해 기독교와 교회, 나아가 성경에 대한 안티들이 양산되고, 교회를 떠나는 젊은이들이 속출하고 있는 것을 보면서 한때 그 운동의 한 축을 담당했던 사람으로서 정말 미안하고 죄송한 마음 때문에 몇 자 적었다.

---

4 Josh Billings: 19세기 미국 작가. 본명은 Henry Wheeler Shaw — "I honestly believe it is better to know nothing than to know what ain't so." from https://en.wikiquote.org/wiki/Josh_Billings

1 부록

그랜드 캐니언과

인근 탐사

지금까지 우리는 그랜드 캐니언 지질학과 이에 대한 대홍수론자들의 잘못된 해석에 대해 살펴보았다. 아래에서는 그랜드 캐니언이나 인근 지역을 방문할 기회가 있는 독자를 위해 간단한 탐사 가이드를 제공한다. 하루 탐사, 이틀 탐사, 사흘 이상 탐사의 세 지도와 더불어 https://grandcanyon.com/category/maps/에서 제공하는 남쪽림과 북쪽림, 그랜드 캐니언 동쪽과 서쪽 등 지도를 참고하면서 활용하면 더욱 유용할 것이다.

　　그랜드 캐니언에 대해 좀 더 깊이 공부하기를 원하는 독자는 앞서 소개한 캐롤 힐(Carol Hill) 등 11명의 전문가가 공저한《그랜드 캐니언, 오래된 지구의 기념비》(The Grand Canyon, Monument to an Ancient Earth)를 참고하기 바란다.

　　그랜드 캐니언은 길이가 446km, 폭은 6.4~29.0km, 가장 깊은 곳은 1,857m에 이르는 거대 협곡이다. 게다가 그랜드 캐니언은 특정한 곳에 국한된 지질학적 구조물이 아니라 미국 남서부 지역의 거대한 캐니언 랜드의 일부다. 그래서 그랜드 캐니언을 탐사하기 위해 어느 정도의 시간을 낼 수 있느냐에 따라 탐사의 범위는 달라질 수 있다. 탐사 출발 전에 본서의 내용을 충분히 숙지하기를 권한다.

　　필자의 경험에 비추어 그랜드 캐니언 탐사 일정을 하루 탐사, 이틀 탐사, 사흘 이상 탐사 등 대략 세 가지로 나누어 보았다.

■ 그랜드 캐니언 하루 탐사 지도 (구글)

그랜드 캐니언 국립공원
서쪽림 남쪽림 동쪽림의 전망대

콜로라도 강

리판
전망대

데저트
뷰
전망대

Deser

그랜드
뷰
전망대

마더전망대

데저트 뷰 드라이브

Grandview Point

64

64

하루 탐사

그랜드 캐니언에서 하루 정도를 보내면 대개 아침 일찍 라스베이거스에서 출발해 당일 저녁 라스베이거스로 돌아가거나 그랜드 캐니언에 이어 그 다음날 자이언 캐니언이나 브라이스 캐니언 등 다음 목적지로 이동한다. 하루 탐사는 남쪽림, 서쪽림, 동쪽림을 탐사하는 것이지만, 하루 나절 동안 모두를 빠짐없이 답사하기는 쉽지 않으므로 시간 계획을 잘 짜서 알차게 돌아보도록 하자.

남쪽림South Rim

하루 탐사의 경우에는 대부분 남쪽림에서 출발한다. 남쪽림은 마더 전망대(Mather Point)와 그랜드 캐니언 빌리지(Grand Canyon Village) 사이의 캐니언 가장자리를 말한다.[1] 남쪽림에는 이 가장자리를 따라 걸으면서 캐니언의 경치를 내려다볼 수 있는 남쪽림 트레일(South Rim Trail)이 있는데 약 30~40분 정도 소요된다.

이를 위해서는 우선 그랜드 캐니언 방문자 센터(Grand Canyon Visitor

---

1 그랜드 캐니언에서는 캐니언 경치를 잘 내려다 볼 수 있는 여러 지점을 선정하여 "포인트"(Point)라는 이름을 붙여놓았는데 우리말로는 "전망대"로 번역할 수 있다.

Center)를 방문하여 필요한 지도를 구하고 그랜드 캐니언의 주요한 전망대나 지명들을 기억하는 것이 좋다. 필요하다면 방문자 센터로 부터 남쪽 맞은편에 있는 기념품 상점(Park Store at Grand Canyon Visitor Center)에 들러 필요한 자료들을 더 구할 수 있다.

◆ **지질학 박물관** 그랜드 캐니언 방문자 센터에서 걸어서 갈 수 있는 남쪽 림의 주요한 전망대는 마더 전망대와 야바파이 전망대(Yavapai Point) 등 두 곳을 들 수 있다. 마더 전망대는 방문자 센터에서 가장 가까워서 먼저 들를 수도 있지만, 야바파이 전망대와 바로 인근에 있는 야바파이 지질학 박물관 (Yavapai Geological Museum & Bookstore)을 먼저 들를 것을 권한다. 미리 집에서 충분히 공부해 온 사람이 아니라면 박물관에서 시간을 보내면서 그랜드 캐니언 지형과 지층에 익숙해지는 것이 중요하기 때문이다.

▐ 그림 1 / 야바파이 지질학 박물관 내부 전시물

■ 그림 2 / 야바파이 지질학 박물관에 있는 지층기둥 모형

필자는 그랜드 캐니언 창조론 탐사에 관심이 있는 사람이라면 박물관에서 적어도 한 시간 이상 머물기를 권한다. 바깥에 있는 야바파이 전망대에서도 캐니언을 내려다볼 수 있지만, 박물관 실내에서도 큰 유리창을 통해 계곡을 내려다볼 수 있다. 그러므로 날씨가 춥거나 더워도 실내에서 계곡을 관찰할 수 있으므로 긴 시간 동안 차분하게 계곡을 관찰할 수 있다.

박물관에는 그랜드 캐니언 전체 지도는 물론 큰 삼차원 지형(3D topography) 모형, 그리고 거대한 지질주상도(geological column) 모형을 전시하고 있다. 전시된 지질주상도 모형과 전망대 창가를 오가면서 모형에서의 지층이 실제로 캐니언에서 어느 지층인지를 확인해 보라. 이와 더불어 좌우 벽에 전시하고 있는 각종 캐니언 관련 사진과 자료들을 자세히 살펴보라. 이곳에서 어느 정도 그랜드 캐니언에 대한 지질학의 기초를 공부한 후 바깥에 있는 여러 전망대에서 다양한 각도로 캐니언을 살펴보는 것이 좋다.

◆ **야바파이 전망대** 박물관에서 나와 첫 번째 들르는 전망대는 역시 바로 옆에 있는 야바파이 전망대이다. 이 전망대는 마더 전망대에서 트레일을 따라 5~10분 거리에 있는데 특히 석양 경치가 좋다. 이 전망대에서는 멀리 저 아래로 콜로라도강이 보이는데 자세히 보면 팬텀 랜치(Phantom Ranch) 인근에서 콜로라도강을 가로지르는 카이바브 현수교(Kaibab Suspension Bridge)를 볼 수 있다. 이 현수교는 캐니언의 남쪽림과 북쪽림을 연결해 주는 유일한 통로다.

야바파이 전망대나 지질학 박물관에서 가장 뚜렷이 보이는 지류 캐니언은 브라이트 엔젤 캐니언(Bright Angel Canyon)일 것이다. 그랜드 캐니언의 횡단면을 머리에 그리면서 콜로라도강과 브라이트 엔젤 캐니언 등 지류들이 어떻게 콜로라도강과 만나는지 살펴보라. 급격한 홍수에 의해 브라이트 엔젤 캐니언과 같은 지류 캐니언이 만들어질 수 있을까?

▌그림 3 / 야바파이 지질학 박물관에서 내려다 보이는 브라이트 엔젤 캐니언

야바파이 지질학 박물관의 모형도를 참고해서 선캄브리아기 암석과 고생대 아래 지층인 태피츠 사암(Tapeats Sandstone)을 구분하는 대부정합(The Great Unconformity)을 찾아보라. 대부정합을 찾았다면 이를 경계로 선캄브리아기 암석과 그 위의 고생대 암석들이 어떻게 다른지 살펴보라.

만일 쌍안경을 갖고 왔다면 브라이트 엔젤 크릭(Bright Angel Creek)을 따라 북쪽 맞은편에 있는 북쪽림을 살펴보자. 콜로라도강으로부터 남쪽림과 북쪽림의 거리를 생각하면서 그랜드 캐니언의 비대칭 침식을 확인해보자. 이러한 비대칭 침식이 갖는 의미는 무엇이라고 생각하는가?

야바파이 지질학 박물관에서 공부한 바를 기억하면서 인근 마더 전망대까지 걸어가서 캐니언 내부를 살펴본다. 마더 전망대는 캐니언의 웅장한 경치를 한눈에 내려다볼 수 있을 뿐 아니라 일출광경을 잘 볼 수 있어서 새벽에도 많은 사람이 모이는 곳이다.

서쪽림 West Rim

남쪽림에서 시간을 보내면서 그랜드 캐니언 지질학에 대한 기본적인 지식이 생겼으면 서쪽림으로 이동한다. 서쪽림이라고 한다면 그랜드 캐니언 빌리지에서 서쪽으로 15km 정도 떨어진(자동차로 25분) 허미츠 레스트(Hermit's Rest)까지 지역을 말한다.[2]

◆ **트레일 뷰 전망대** 야바파이 전망대에서 자동차로 사우스 엔트런스 로드

(South Entrance Road)를 경유해 허밋 로우드(Hermit Road)를 따라 서쪽으로 5.3km 정도 이동하면(자동차로 10분) 첫 번째 트레일 뷰 전망대(Trail View Point)에 이른다. 이곳에서는 절벽을 내려가서 북쪽림까지 연결되는 브라이트 엔젤 트레일(Bright Angel Trail)을 볼 수 있다.

◆ **마리코파 전망대** 트레일 뷰에서 1km 정도 가면 두 번째 마리코파 전망대(Maricopa Point)에 이른다. 이곳에서는 360도에 가까운 계곡경치를 내려다볼 수 있는데 특히 북쪽림의 브라이트 엔젤 캐니언이 잘 보인다. 브라이트 엔젤 캐니언과 콜로라도강이 만나는 직각에 가까운 각도가 그랜드 캐니언 형성에 어떤 함의가 있는지를 생각해 보자.

◆ **포웰 전망대** 마리코파에서 허밋 로드를 따라 1km 정도 가면 세 번째 포웰 전망대(Powell Point)가 있다. 이곳은 1869년과 1871년 두 번에 걸쳐 콜로라도강을 탐사했던 포웰(John Wesley Powell)의 기념비가 있는 곳이다. 당시 그랜드 캐니언은 지도에 없는 미지의 땅이었다. 포웰은 남북전쟁에 출전해서 팔을 하나 잃었지만 이런 장애를 무릅쓰고 그랜드 캐니언 탐사에 큰 공을 세웠다. 그는 전쟁 후 미국 연방정부 지질측량국 국장으로 임명되었다.

◆ **허미츠 레스트 전망대까지** 포웰에서 허밋 로드(Hermit Road)를 따라 500m 정도 가면 서쪽림에서 석양과 일몰 경치를 가장 잘 볼 수 있는 호피 전망대(Hopi Point), 호피에서 1.5km 거리에 모하비 전망대(Mohave Point), 마지막으로 모하비에서 6.5km 떨어진 허미츠 레스트 전망대(Hermit's Rest Point)에 이른다.

---

2 넓게는 남쪽림, 서쪽림, 동쪽림 모두를 합쳐 남쪽림이라 부르기도 한다.

서쪽림 가장 끝에 있는 허미츠 레스트는 말 그대로 은둔자(hermit)의 휴식처로서 스낵바가 있으며, 캐니언 밑으로 내려가는 허미 트레일이 시작되는 곳이다. 허미츠 레스트(Hermit's Rest)는 웨스트 림의 가장 서쪽 끝에 있다. 스낵바(Snack Bar)가 있다. 이곳에서 캐니언으로 내려가는 허밋 트레일(Hermit Trail)이 출발한다.

동쪽림East Rim

동쪽림은 그랜드 캐니언 방문자 센터에서 데저트 뷰 전망대(Desert View Watchtower)까지의 구간을 말한다. 데저트 뷰는 허미츠 레스트에서 50km(자동차로 약 1시간), 방문자 센터에서 37km 떨어져 있다.

◆ **야키 전망대** 먼저 그랜드 캐니언 방문자 센터에서 64번 도로(Desert View Dr.)를 따라 4km 정도 가면 야키 전망대(Yaki Point)에 이른다. 여기서 캐니언 밑으로 내려가는 사우스 카이바브 트레일(South Kaibab Trail)이 출발한다. 이 트레일은 야키 전망대에서 1km 정도 떨어진 사우스 카이바브 트레일헤드(South Kaibab Trailhead)에서 시작되는데 출발지인 트레일헤드에서 2.9km 내려가면 (180m 고도 변화) 우아 전망대(Ooh Aah Point)에 이른다. 우아 전망대에 이르면 갑자기 동쪽 경치가 펼쳐지기 때문에 모두 '우~아!'라는 함성을 지른다고 해서 붙여진 이름이다. 사우스 카이바브 트레일의 왕복 시간은 1~2시간 정도이므로 형편이 되는 사람들은 다녀오는 것을 권하지만 당일 탐사를 하는 경우에는 지나쳐야 할 것이다.

◆ **그랜드 뷰 전망대** 야키에서 동쪽으로 64번 도로를 따라 15km 정도 이동하면 그랜드 뷰 전망대(Grandview Point)에 이른다. 이 전망대는 그랜드 캐니언에서 전망대로서는 가장 남쪽에 있기 때문에 다른 지역보다 상대적으로 약간 더 비가 오고 따라서 약간 더 많은 숲이 형성되어 있다. 1901년 그랜드 캐니언에 철도가 부설되기 전까지 이곳은 관광객이 가장 많이 왔다는, 전망이 좋은 지점이다.

1540년 9월, 스페인의 카데나스(García López de Cárdenas)가 호피(Hopi) 부족 가이드를 앞세워 처음으로 그랜드 캐니언을 발견했던 지점도 이곳으로 알려져 있다. 카데나스의 이름을 따서 그랜드 캐니언 동쪽의 현무암 지대를 카데나스 현무암(Cardenas Basalt) 지대 혹은 카데나스 용암(Cardenas Lava) 지대라고 부른다.[3] 그랜드 캐니언 누층군(Grand Canyon Supergroup)에 속한 추아 층군(Chur Group)의 일부인(2장 그림 13 참조) 카데나스 현무암은 두께 300여m, 넓이 310㎢, 연대는 11억년 정도다.[4]

◆ **카데나스 현무암** 그랜드 캐니언에 카데나스 현무암이 존재한다는 것은 무엇을 의미하는가? 현무암은 마그마가 지표면이나 지표면 가까이에 분출해 비교적 빠른 속도로 냉각될 때 형성되는 암석이다. 분출된 현무암 속에 사암과 비정질쇄설암(非晶質碎屑岩, hyaloclastite)이 들어 있는 것으로 미루어 카데나스 현무암은 강의 삼각주(delta)나 간석지(干潟地, tidal flat)와 같은 습한

---

3 지질학계에서는 카데나스 현무암이라는 용어보다 라마층(Rama Formation)이라는 용어를 사용한다. Wikipedia의 "Cardenas Basalt"를 참고하라. cf. https://en.wikipedia.org/wiki/Cardenas_Basalt

해안에서 형성된 것으로 보인다.[5]

◆ **데저트 뷰 전망대까지** 그랜뷰에서 계속해 동쪽으로 11km를 더 가면 모란 전망대(Moran Point)에 이르고, 모란에서 동쪽으로 10km를 이동하면 나바호 전망대(Navajo Point), 여기서 1.5km를 더 가면 데저트 뷰 전망대에 이른다. 시간이 되는대로 전망대에 올라가서 박물관에서 공부한 내용을 확인해 보자.

◆ 다음번 숙소를 포웰 호수(Lake Powell) 인근 페이지(Page)에 잡는다면 데저트 뷰 전망대에서 데저트 뷰 드라이브(Desert View Dr.)를 따라 동쪽으로 35km 지점에 있는 리틀 콜로라도강 계곡 전망대(Little Colorado River Gorge Overlook)를 들러볼 것을 권한다. 이곳에서는 그랜드 캐니언의 넓은 계곡과는 비교할 수

---

4 J. M. Timmons, K. E. Karlstrom, M. T. Heizler, S. A. Bowring, G. E. Gehrels, and L. J. Crossey, "Tectonic inferences from the ca. 1254~1100 Ma Unkar Group and Nankoweap Formation, Grand Canyon: Intracratonic deformation and basin formation during protracted Grenville orogenesis," *Geological Society of America Bulletin* 117(11/12):1573~1595(2005) ; J. M. Timmons, J. Bloch, K. Fletcher, K. E. Karlstrom, M. Heizler, and L. J. Crossey, "The Grand Canyon Unkar Group: Mesoproterozoic basin formation in the continental interior during supercontinent assembly," in J. M. Timmons and K. E. Karlstrom, eds., *Grand Canyon geology: Two billion years of earth's history*. Special Paper no 294 (Boulder, CO: Geological Society of America, 2012), pp.25~47. ISBN 978-0813724898
5 비정질쇄설암(非晶質碎屑岩, hyaloclastite): 용암이나 마그마가 물, 얼음, 또는 물로 포화된 퇴적물 속으로 들어와 굳어져 세립화된 입자들로 구성된 암석. 간석지(干潟地, tidal flat): 간조와 만조 때 바닷물에 주기적으로 잠기는 바닷가 지형. 주로 모래와 펄로 구성된 평탄한 퇴적 지형 – cf. 양승영 편저, 《지질학 사전》 (교학연구사, 2001).

없지만, 수백 미터 높이의 깎아지른 수직 절벽을 내려다 볼 수 있다. 리틀 콜로라도강의 좁고 깊은 협곡을 보면서 물이 어떻게 흘렀는지를 생각해 보자. 이런 지형이 어떻게 형성되었을까? 단기간의 대홍수로 설명할 수 있을까?

플로라

그랜드 캐니언

미드 호수

다이아몬드 크릭 비치

킹맨

포웰 호수

Big Water

구스넥스
주립공원

Oljato-Monument Valley

Red

페이지
Page

Lee's

Marble Canyon

Navajo Mountain

Kayenta

Tsegi

Shonto

Rough Rock

Many Farms

Tonalea

Chinle

림

리틀
콜로라도강

Tuba City

Kykotsmovi Village

Keams Canyon

Cameron

HOPI
RESERVATION

Ganado

Gray Mountain

Greasewood

Tolani Lake

Dilkon

화석나무 숲
국립공원

Leupp

Cha

플래그스탭
Flagstaff

Winona

40

Petrified Forest National Park

배링거
운석공
Winslow

Sun Valley

40

Coconino

Joseph City

Petrified Forest

┃ 그랜드 캐니언 이틀 탐사 지도 (구글)

이틀 탐사

첫날 서쪽림과 동쪽림을 포함해 남쪽림을 답사하고, 페이지 (Page)에서 숙박한다면 둘째 날에는 북쪽림을 답사할 수 있다. 페이지에서 북쪽림까지 왕복하는데 5시간 정도 걸린다는 점을 생각하면 아침 일찍 출발하는 것이 좋다. 중간에 몇 군데를 들르게 되면 더 많은 시간이 소요된다는 점을 기억해야 한다. 이틀 탐사 지도를 참고하면 유용할 것이다.

북쪽림까지 가는 길

◆ **말굽벤드** 우선 페이지에서 89번 국도를 타고 10km 정도 남쪽으로 내려오면 말굽벤드(Horseshoe Bend)가 있다(2장 그림 6). 차에서 내려서 15분 정도 걸어야 하므로 뜨거운 여름에는 양산이나 차양이 있는 모자가 필요하다. 말굽벤드는 콜로라도강이 말발굽처럼 흐르면서 만든 지질학적 경이다. 절벽 위에서 내려다보면서 콜로라도강이 흘러들어오는 지역과 흘러나가는 지역을 확인해보자. 이런 구조가 단 기간의 대홍수로 만들어질 수 있을까?

◆ **나바호 다리** 다음에는 말굽벤드에서 89번 국도를 따라 56km 정도 떨어진 나바호 다리(Navajo Bridge)를 들른다. 나바호 부족의 이름을 따라 명명한 나

바호 다리는 89번 국도를 타고 내려오다가 89A번 국도로 들어선 후 20km 정도 떨어진 곳에 있다. 이곳에는 나바호 부족의 박물관도 있다. 나바호 다리 위에서는 좁고 깎아지른 절벽 사이를 흐르는 콜로라도강을 위에서 내려다 볼 수 있다. 이 단단한 암석을 깎아서 거대한 수로를 만든 과정을 생각해 보라. 이런 구조가 대홍수로 단시간에 만들어질 수 있을까?

┃ 그림 4 / 나바호 다리에서 내려다본 콜로라도강

◆ **리스 페리** 다음에는 리스 페리(Lee's Ferry) 보트 선착장이다. 나바호 다리에서 10km 정도 떨어진 선착장은 들어갔다가 다시 돌아 나와야 하므로 운전에만 약 25분 정도 잡아야 한다. 리스 페리 선착장과 그 인근 그랜드 캐니언 전체에서 다이아몬드 크릭 비치(Diamond Creek Beach)와 더불어 콜로라도강 바로 옆까지 차를 몰고 가서 강물에 직접 발을 담글 수 있는 몇 안 되는 지점 중 하나다. 물에 의해 천천히 침식된 지층들을 지척의 거리에서 관찰할 수 있다. 콜로라도강 건너편 지층들을 지질주상도에서 살펴보라. 어느 시기에 해당하는 지층일까?

❙ 그림 5 / 리스 페리 인근의 콜로라도강

◆ **버밀리온 절벽** 리스 페리 보트 선착장에 오가는 도로 서쪽에 우뚝 솟은 버밀리온 절벽(Vermillion Cliffs National Monument)를 살펴본다. 애리조나주와 유타주에 걸쳐있는 버밀리온 절벽은 리스 페리에서 북쪽림 방문자 안내소(North Rim Visitor Center)까지 가는 도중 오른쪽으로 계속 보인다. 리스 페리에서 북쪽림까지는 150km 정도, 두 시간 정도 운전해야 하는데 버밀리온 절벽의 동남, 남서 방향 절벽을 바라보면서 운전하게 된다. 라라미드 조산운동(Laramide Orogeny)으로 버밀리온 절벽의 생성 과정을 생각해보라. 이 조산운동은 북미주 서부에서 백악기 후기인 7,000만 년 전에 시작해 4,000만 년 전에 끝난 조산운동을 의미하며, 이로 인해 오늘날의 로키산맥이 형성되었다.

❚ 그림 6 / 버밀리온 절벽

북쪽림 North Rim

오른쪽으로 버밀리온 절벽을 벗 삼아 달리다보면 북쪽림에 이른다. 북쪽림은 남쪽림보다 고도가 더 높아서 시계가 좋을 때는 남쪽림 너머의 넓은 애리조나 광야까지 볼 수 있다. 애리조나주에서 제일 높은(해발 3,851m) 샌프란시스코봉(San Fransico Peak)도 보인다. 아래로부터 로어링 스프링(Roaring Spring)에서 흘러가는 물소리를 들을 수 있는데 공원 당국은 이 물로 북쪽림과 남쪽림에 식수를 공급하고 있다.

일단 북쪽림에 도착하면 방문자 안내소에서 필요한 자료를 구한다. 형편이 된다면 북쪽림에 있는 호텔인 그랜드 캐니언 라지(Grand Canyon Lodge)에서 숙박하는 것이 좋다. 호텔 아래층에 있는 뷰잉라운지(Viewing Lounge)에서 대형 유리창을 통해 내려다보는 그랜드 캐니언의 경치는 최고다.

북쪽림은 남쪽림과는 달리 전망대가 많지 않고 널리 퍼져있지도 않다. 남쪽림에 비해 해발고도도 300m 정도 더 높아서 겨울에는 많은 눈으로 인해 접근이 어렵다. 북쪽림의 모든 시설은 5월 15일에서 10월 15일까지 연다. 하지만 시설은 문을 닫아도 첫 큰 눈이 내리기 전까지는 공원 출입은 한동안 허용된다. 하지만 첫 큰 눈이 내리면(일반적으로 10월 하순) 공원은 폐쇄된다.

◆ **브라이트 엔젤 전망대** 북쪽림에서의 가장 놀랄만한 경치는 브라이트 엔젤 전망대(Bright Angel Point)에서 볼 수 있다. 브라이트 엔젤 전망대는 그랜드 캐니언 라지에서 360m 정도의 짧은 트레일로 연결되어 있다. 이 트레일의

좌우가 절벽이어서 전망대까지 가는 동안 마치 하늘에 떠가는 기분이 든다. 브라이트 엔젤 전망대에서는 바로 아래에서 출발하는 브라이트 엔젤 크릭을 가장 잘 볼 수 있다.

전망대까지 가는 중간 왼쪽(동쪽)으로 코코니노 사암(Coconino Sandstone)의 사층리(斜層理, cross-bedding)를 볼 수 있다(2장 "풍성층의 존재" 참고). 이 사암층은 풍성층, 즉 바람에 의해 운반된 퇴적물에 의해 형성되었다고 알려져 있다. 높은 배율의 줌이나 쌍안경으로 보면 좀 더 자세한 사층리를 볼 수 있다. 이 두꺼운 풍성층의 존재를 대홍수로 설명할 수 있을까?

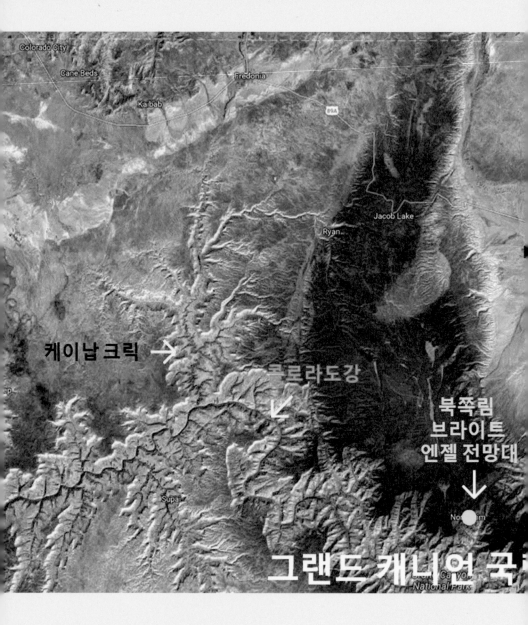

케이납 크릭

콜로라도강

북쪽림
브라이트
엔젤 전망대

포웰 호수
페이지

글렌 캐니언 댐

앤털로프 캐니언

스페리

말굽벤드

나바호 다리

붉은 절벽

리틀 콜로라도강

공원

그랜드 캐니언 사흘 탐사 지도 (구글)

사흘 이상 탐사

만일 그랜드 캐니언 인근에서 사흘 이상 머물 수 있다면 위에서 살펴본 지역을 답사한 후 콜로라도 고원에 있는, 창조론적 의미가 큰 다음과 같은 지역을 탐사하는 것을 추천한다.

▌그림 7 / 상부 앤털로프 캐니언(좌)과 하부 앤털로프 캐니언[6]

콜로라도강 상류 페이지 인근에 있는 앤털로프 캐니언(Antelope Canyon)은 나바호 사암(Navajo Sandstone)의 독특한 침식으로 인해 사진 작가들에게 유명한 곳이지만, 창조론적 의미도 큰 지역이다(위 이틀 탐사 지도 참조). 해발 1,130m의 고지대에 있는 이 캐니언은 200m 길이의 상부 앤털로프 캐니언(Upper Antelope Canyon)과 400m 길이의 하부 앤털로프 캐니언(Lower Antelope Canyon)으로 나누어져 있는데 깊이는 불과 40여 m가 채 되지 않는 캐니언이다. 그래서 계곡을 크게 오르내리지 않고도 쉽게 접근할 수 있다는 장점이 있다.

규모는 크지 않지만 앤털로프 캐니언은 물에 의해 석회암이 어떻게 침식되는지를 보여주는 고전적인 예다. 물론 여기서 말하는 물에 의한 침식이란 전 지구적인 홍수가 아니라 몬순(monsoon) 계절에 내리는 국지적 호우 등에 의한 침식을 말한다. 지난 2006년 10월 30일에도 홍수가 36시간 동안 지속되어서 관광객들의 출입을 막은 적이 있었다.

앤털로프 캐니언과 더불어 페이지 인근에 있는 포웰 호수, 글렌 캐니언 댐(Glen Canyon Dam)은 서로 인접해 있어서 한꺼번에 방문할 수 있다. 사실 포웰 호수는 글렌 캐니언 댐을 만들어서 생긴 인공호수다. 댐의 높이가 220m에 이르는 글렌 캐니언 댐은 1966년에 완공된 이래 콜로라도강의 흐름에 큰 영향을 주었고, 현재의 그랜드 캐니언에

6 https://en.wikipedia.org/wiki/Antelope_Canyon

도 직접 영향을 미쳤다. 이 댐이 완공되고 포웰 호수가 생김으로 인해 그랜드 캐니언에 어떤 변화가 일어났는지 생각해 보라.

| 그림 8 / 글렌 캐니언 댐과 이로 인해 생긴 포웰 호수

◆ **모뉴먼트 계곡** 콜로라도 고원의 귀퉁이에 있는 모뉴먼트 계곡(Monument Valley)은 다양한 형태의 뷰트(butte)들이 많이 서 있는 곳이다. 어떻게 이러한 뷰트가 형성되었는지 생각해 보자. 대홍수론으로 설명이 가능할까?

◆ **구스넥스 주립공원** 페이지에서 240km 떨어진, 유타주 멕시칸햇(Mexican

Hat)에 있는 구스넥스 주립공원(Goosenecks State Park)은 그랜드 캐니언이 대홍수가 아니라 오랜 기간 침식에 의해 형성되었음을 보여주는 중요한 곳이다. 이곳에서는 콜로라도강의 지류인 산후안강이 구스넥스 주립공원을 지나가

면서 심하게 구불거리는 사행천을 볼 수 있다. 과연 이렇게 깊고 심하게 사행하는 패턴이 대홍수로 인해 생긴 것이라고 할 수 있을까?

남쪽림에서 라스베이거스 방향에 있지만 왈라파이 네이션(Hualapai Nation) 내에 있는 다이아몬드 크릭(Diamond Creek)도 들를 가치가 있다. 다이아몬드 크릭 로우드를 따라 콜로라도 강변의 다이아몬드 크릭 비치까지 내려가면서 길가 좌우에서 대부정합(The Great

---

7 https://en.wikipedia.org/wiki/Monument
_Valley#/media/File:Monumentvalley.jpg

Unconformity)을 찾아보자. 전 세계적으로 캄브리아기와 선캄브리아기의 경계인 대부정합을 사람들이 다가가서 손으로 만질 수 있는 곳은 이곳을 포함해 극소수다. 하지만 이곳에 내려가기 위해서는 사륜구동차와 더불어 왈라파이 부족 오피스(Hualapai Tribal Office)로부터 허가를 받아야 한다(수수료 있음).

다음에는 플래그스탭(Flagstaff)에서 40번 고속도로를 타고 60km 정도 동쪽으로 가다가 233번 국도를 타고 남쪽으로 10km 정도 가면 배링거 운석공(Meteor Crater National Landmark)이 나온다. 이곳은 5만 년 전에 지름 50m 크기의 운석이 충돌하면서 깊이 170m, 지름 1,186m의 운석공(meteor crater)이 생긴 곳이다. 과거 지구에 충돌한 200여 개의 소행성 충돌구조(impact structure)들을 살펴보면서 지구 역사에서 일어났던 다양한 대격변들을 살펴보자.'

▌그림 10 / 배링거 운석공

배링거 운석공에서 동쪽으로 140km 떨어진 곳에 있는 화석나무 숲국립공원(Petrified Forest National Park)도 창조론과 관련해 방문할 만한 곳이다. 평균 해발 1,600m인 이곳은 2.25억 년 전, 즉 삼첩기 후기의 나무들이 화석화된 곳이다. 어떻게 이렇게 많은 나무가 화석화되었는지 생각해 보자. 무성하게 자라던 나무들이 화석화되는 것에 대한 창조주의 섭리는 무엇이었을까?

┃ 그림 11 / 화석나무 숲 국립공원의 화석[9]

---

8 지구역사에서 일어난 많은 격변들에 대해서는 양승훈, 《다중격변 창조론》(SFC, 2011)을 참고하라.
9 https://en.wikipedia.org/wiki/Petrified_Forest_National_Park#/media/ File:Fossilized_wood_at_Petrified_Forest.jpg

끝으로 추천하는 곳은 구스넥스 주립공원(Goosenecks State Park)이다. 이 주립공원을 답사하기 위해서는 애리조나주 페이지(Page, AZ)에서 왕복 5시간(240km), 그랜드 캐니언 남쪽림에서는 왕복 6시간 반(305km)이 소요된다는 점을 고려해서 일정을 잡아야 한다. 이곳만을 답사하기 위해 하루의 시간이 소요된다.

유타주 멕시칸햇에서 가까운 이 공원에는 콜로라도강의 지류인 산후안강(San Juan River)이 지나가면서 엄청난 사행천을 형성하고 있다. 주립공원 경내를 강이 흐르면서 침식시킨 300여 m의 계곡은 사행천 중에서도 감입곡류하천(incised meander)의 고전적인 예를 제공한다. 이런 침식 지형은 전 지구적인 홍수에 의해서는 도무지 설명할 수 없으며, 수백만 년에 걸친 점진적인 침식의 결과로밖에 설명할 수 없다. 본서 5장에서 다룬 쉐퍼드 논문에 대한 해설이 이러한 침식지형을 설명하는 데 도움이 될 것이다.

▌그림 12 / 구스넥스 주립공원을 지나는 산후안강의 사행[10]

위에서 제안한 몇몇 지역 외에도 콜로라도 고원을 중심으로 한 미국 남서부 지역은 자이언 캐니언, 브라이스 캐니언(워낙 유명한 곳이라 본서에서는 소개하지 않았지만) 등 창조론 연구와 관련해서 탐사할만한 곳이 많다. 다만 모든 야외 탐사는 출발하기 전에 얼마나 준비하고 공부했느냐에 따라 그 효과가 결정된다는 점을 생각해서 탐사 출발 전에 충분히 준비하고 공부하고 출발할 것을 추천한다. 요즘은 구글 지도나 내비게이션 장치가 보편화 되어서 과거 어느 때보다 생생하게 준비하고 예습할 수 있다. 그리고 그 준비와 예습의 정도에 따라 창조주의 지구경영을 이해하는 깊이와 폭이 달라진다는 점을 생각하며 즐거운 마음으로 탐사를 준비하자.

---

10 https://en.wikipedia.org/wiki/Goosenecks_State_Park#/media/File:2009-08-20-01800_USA_Utah_316_Goosenecks_SP.jpg

대홍수론의

덫에 빠지는

이유

그랜드 캐니언에 대한 대홍수론적 해석은 틀린 것이 분명한데 왜 많은 사람이 대홍수론의 덫에 빠질까? 여기에는 근본주의 신학의 문제가 도사리고 있다. 그렇다면 근본주의가 왜, 어떻게 문제가 되는가? 이에 대해서는 존 스토트(John Robert Walmsley Stott, 1921~2011)가 《복음주의의 기본진리》(Evangelical Truth)에서 제시한 근본주의와 복음주의를 구분하는 10가지 기준이 좋은 답이 될 수 있으리라 생각된다.

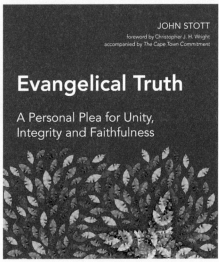

■ 그림 1 / 존 스토트와 《복음주의의 기본 진리》

근본주의 신학의 문제

첫 번째, 근본주의 신학(Christian fundamentalism)의 반지성주의적 경향이다. 복음주의는 인간의 지성 역시 하나님이 주신 것으로 중요하게 여기는데 비해 근본주의는 반지성주의 경향을 보인다. 그래서 근본주의자들은 수많은 과학자가 오랫동안 연구해 산더미처럼 쌓인 과학적 증거를 무시하며, 지구와 우주가 6천 년 전에 창조되었다고 주장한다.

두 번째, 복음주의자들은 성경의 비유, 시적 표현 등을 인정하고 문학적 방식을 따라 해석하는데 비해 근본주의자들은 문자주의에 치우친다. 예를 들어 창세기 1장의 "날"을 요즘의 24시간 하루로 해석하고, 창세기 5장의 계보들이 창세기 1장의 창조의 날들과 그대로 연결된다고 본다. 그래서 지구와 우주의 나이를 6천 년이라고 주장한다.

세 번째, 복음주의자들은 하나님이 저자들의 인격과 재능을 충분히 활용했다고 보지만, 근본주의자들은 성경의 영감(inspiration)을 기계적으로 받아들인다. 성경이 기록되던 당시의 사람들의 개인적, 문화적 배경이 성경 기록에 아무런 영향을 미치지 않는다고 보므로 성경을 현대의 과학교과서와 같이 볼 수 있다고 주장한다. 그래서 근본주의자들은 "성경은 최고의 과학교과서"라는 말을 하며, 창세기가 생물학이나 천문학, 지질학의 교과서가 될 수 있다고 주장한다.

네 번째, 복음주의자들은 성경의 문화적 맥락을 고려하고 현재 상황에 맞게 적용하려고 노력하지만, 근본주의자들은 성경 본문을 자신을 위해 기록된 것처럼 직접 적용함으로 성경이 기록될 당시의 상황을 무시한다.

다섯 번째, 복음주의자들은 세계교회협의회(World Council of Churches)의 자유주의적인 방침은 비판하고 성경적인 것은 지지하는 분별력을 발휘하지만, 근본주의자들은 교회연합(에큐메니컬) 운동 자체를 거부한다.

여섯 번째, 복음주의자들은 교리적 순결을 지키면서 관용의 시각으로 바라보지만, 근본주의자들은 자신들과 맞지 않는 어떤 집단과의 교제도 거부한다. 그래서 창조론의 다양한 스펙트럼이 있음에도 근본주의적인 창조과학은 자신과 다른 모든 주장을 적대시한다.

일곱 번째, 복음주의자들은 세상을 본받지 않되 세상을 변화시키기 위해 헌신하지만, 근본주의자들은 세상의 가치와 기준을 무비판적으로 답습하거나 배척한다. 그래서 근본주의적인 창조과학자들은 과학주의를 비판하면서 스스로 성경을 과학으로 해석하려는 과학주의의 함정에 빠진다.

여덟 번째, 복음주의자들은 인종적·사회적·성적 평등을 실천하려고 노력하지만, 근본주의자들은 사회적 차별을 옹호하는 경향이 있다. 그래서 근본주의자들은 노골적으로 인종차별을 주장하는 트럼프와 같은 사람들을 지지한다. 근본주의자들은 트럼프의 외도나 거짓말, 무례함, 협박, 욕설, 인종차별 등에 대해서는 관대하다.

아홉 번째, 복음주의자들은 전도를 우선하되 사회적 책임도 외면하지 않고 동일하게 중요한 것으로 받아들인다. 반면에 근본주의자들은 교회의 소명을 단순히 좁은 의미의 복음 선포라고 주장한다. 그래서 이 세상이나 사회, 이웃, 약자들에 대해 관심이 부족하며, 오직 저 천국만이 가장 중요하다고 본다.

열 번째, 복음주의자들은 종말을 믿고 기다리지만 세부사항에 대해서는 잘 모름을 인정한다. 반면에 근본주의자들은 종말에 대해 지나치게 교조적이고 세세하다. 그래서 666, 휴거, 베리칩 등에 대해 자의적으로 해석하면서 때로는 공산주의를, 때로는 진화론을, 때로는 유럽연합을 적그리스도라고 주장하기도 한다.

성경이 과학교과서라고?

　　근본주의 신학의 문제점 중에서 성경을 과학 교과서라고 보는 잘못된 성경관은 대홍수론에 빠지는 가장 중요한 이유다. 성경은 창세기의 여러 장을 할애해 노아 홍수를 설명한다. 노아 홍수는 역사적 사실이며, 인간의 죄에 대한 하나님의 심판이다. 하지만 노아 홍수가 지질학적으로 어떤 흔적을 남겼는지 우리는 정확히 모른다. 예를

▎그림 2 / 대홍수론의 배경에는 "성경은 진정한 과학 교과서다!"라는 잘못된 성경관이 도사리고 있다.

들어 노아 홍수를 설명하는 창세기 7장에서 "물이 땅에 더욱 넘치매 천하의 높은 산이 다 잠겼더니"(창7:19)라는 말이 지질학적으로 어떤 의미가 있는지 잘 모른다. 노아 홍수에 대한 성경기록에 대해서는 구약학자들의 도움이 필요하다. 하지만 그랜드 캐니언이 전 지구적인 홍수에 의해 생겼는지를 확인하려면 일차적으로 지질학자들의 연구가 필요하다. 이미 잘 밝혀진 지질학적 상식에 비추어보면 그랜드 캐니언이 전 지구적인 홍수에 의해 형성된 것이 아님은 분명하다.

하지만 성경을 과학 교과서로 보는 사람들은 성경에서 과학적 사실이나 모델을 찾으려고 한다. 몇 가지 예를 들어보자.

첫째, 대홍수론자들은 창세기 1장 7절에서 "하나님이 궁창을 만드사 궁창 아래의 물과 궁창 위의 물로 나뉘게 하시니 그대로 되니라"는 말씀을 근거로 수증기층 이론을 제시했다. 대홍수론자들은 창세기 7장 11절에서 "하늘의 창문들이 열려"라는 말에 근거해 궁창 위에 있었던 그 수증기층이 노아 홍수를 일으켰다고 주장한다. 그 짧은 한 구절을 가지고 온갖 시나리오를 만들어냈다. 하지만 이 이론은 전문학자들만 부정하는 것이 아니라 창조과학자들 내부에서도 부정하고 있음을 5장에서 살펴보았다.

둘째, 창조과학자이자 기계공학자인 브라운(Walt Brown, 1937~)은 창세기 7장 11절에 "그 날에 큰 깊음의 샘들이 터지며"라는 한 구절을 근거로 노아 홍수에 대한 소위 "수판이론"(水板理論, Hydroplate Theory)이라는 것을 주장한다. 내용인 즉 노아홍수 이전에는 지각과 맨틀 사이에 거대한 물층이 있었고 이것이 터짐으로 노아홍수가 시작되었다고 한다.

브라운은 자기 이론을 증거하기 위해 창조과학센터(Center for Scientific Creation)를 설립하고 여기서 수판이론을 담은 《태초에》(*In the Beginning*)라는 책을 출간하였다. 그는 "창조와 홍수에 관한 깜짝 놀랄 만한 증거"(Compelling evidence creation and the flood)라는 부제를 달고 있는 이 책에서 "과학적 증거는 창세기와 일치한다"(The scientific evidence is consistent with Genesis)라고 주장한다. 전문학자들은 아무도 인정하지 않지만, 이 수판이론으로 그랜드 캐니언은 물론 해구, 환태평양 조산대(Ring of Fire), 석회암의 기원, 화석과 지층의 기원, 얼어붙은 매머드 등 수많은 온갖 지질학적 현상을 설명한다.

셋째, 창세기 10장 25절에서 "에벨은 두 아들을 낳고 하나의 이름을 벨렉이라 하였으니 그 때에 세상이 나뉘었음이요"란 말에 근거해 격변적 판구조론이라는 희한한 모델을 제시하기도 했다. 이 모델 역시 전문학자들은 터무니없는 주장이라고 하며, 구약학자들 조차 이 구절을 지질학적 의미로 해석하는 것에 반대한다. 이에 대해서는 5장에서 간단하게 살펴보았다.

넷째, 어떤 사람들은 이사야 40장 22절에서 "그가 하늘을 차일 같이 펴셨으며 거주할 천막 같이 치셨고"라는 말에 근거해서 "펼쳐치는 우주론"(Stretching Cosmology)이라는 것을 주장한다. 물론 천문학자나 우주론을 전공하는 물리학자 중에는 아무도 받아들이지 않는 주장이지만, 창조과학자들 중에는 이 이론이 오늘날 대폭발 이론에서 설명하지 못하는 것을 모두 설명한다고 주장한다.

이처럼 성경을 과학 교과서라고 보면 심각한 문제가 생긴다. 이것은 다만 과학만 왜곡하는 것이 아니라 성경도 왜곡한다. 성경을 과학 교과서라고 보는 사람은 그것이 성경의 권위를 높인다고 생각하지만, 도리어 성경의 권위를 떨어뜨린다. 성경이 과학적으로 증명이 되었기 때문에 믿을만하다고 주장하는 것은 성경의 권위가 과학적 증명에 의존하는 것을 의미하며, 성경이 과학보다도 신뢰할만하지 않음을 나타낸다. 이것은 실증적 지식만이 유의미하며, 과학적으로 증명된 것만이 믿을만하다고 주장하는 현대의 과학주의 이데올로기에 불과하다.

필자는 노아 홍수를 부정하는 것이 아니라 오늘날 지질학의 대부분 현상을 노아 홍수의 결과로 설명하려는 이데올로기화된 홍수지질학에 반대한다.[1] 또한, 제대로 연구하지 않으면서 (기독교 신자인지 아닌지를 떠나) 전문 학자들의 연구결과들을 마치 성경과 배치되는 것처럼 매도하는 근본주의자들의 주장에 반대한다. 그랜드 캐니언이 노아 홍수에 의해 만들어졌다고 주장하는 사람들은 공통적으로 전문 학회나 지질학자들의 공동체에는 발을 들여놓지 못한다. 그러면서 교회나 여타 기독교 단체를 돌아다니면서 일반인을 대상으로 학자들의 명백한 연구결과를 부정하고 터무니없는 주장을 성경의 주장이라고 강연하고 다닌다. 필자는 주장의 옳으냐 그르냐를 떠나 그런 태도는

---

1 대홍수론자들도 선캄브리아 지층은 노아 홍수 전의 지층으로, 신생대 제4기 현세 (Holocene) 지층은 노아 홍수 후의 지층으로 해석한다.

성경적이 아니며 기독교인의 바른 자세도 아니라고 본다.

그러면 그랜드 캐니언에 대한 대홍수론적 해석이 터무니없음이 분명한데도 왜 그렇게 많은 사람, 특히 박사가 많기로 유명한 한국교회가 대홍수론에 빠지는 것일까? 이는 지질학을 비롯한 기초과학에 대한 소양이 부족한 때문이기도 하지만 그보다 더 근원적인 문제는 성경이 현대과학에 대해 말하고 있다고 생각하는, 다시 말해 성경을 과학 교과서라고 보는 잘못된 성경관 때문이다. 인간을 구원하시려는 하나님의 계시를 담고 있는 책을 과학책으로 착각했기 때문이다. 이것은 오래전에 필자가 빠졌던 오류이기도 하다. 한국창조과학회를 시작했던 김영길 박사는 지금도 이재만 선교사의 《창조과학 콘서트》라는 책을 추천하면서 "성경은 진정한 과학 교과서다!"라는 말을 버젓이 책 표지에 내세우고 있다!

목회자들, 신학자들을 포함해 비전공 기독교인들이 대홍수론에 빠져드는 것은 젊은 지구론에 빠져드는 것과 흡사하다. 이 두 주장은 전문 학계의 주류 이론과는 너무나 달라서 선명성이 엄청나게 강하기 때문이다. 하지만 젊은 지구론으로 경도되지 않은 물리학자라면 대홍수론이 터무니없음을 깨닫는 데 오랜 시간이 걸리지 않는다. 아마 길어도 일주일이면 충분할 것이다. 하지만 일단 한번 그런 터무니없는 이론에 빠지게 되면 바른 안목을 회복하는데 필자와 같이 20여 년의 세월이 걸릴 수도 있다! 필자가 우리 자녀들의 지적 성숙에 젊은 지구론이나 대홍수론이 치명적일 수 있다고 경고하는 것은 바로 이런 이유 때문이다.

진리로 인한 고난이라고?

지질학의 기본 상식만 있으면 그랜드 캐니언에 대한 대홍수 론적 해석이 터무니없음을 깨닫는 데 오랜 시간이 걸리지 않는다. 하지만 지질학적 상식이 없는 사람이 전문 지질학자들의 설명을 듣기 전에 성경 구절을 인용하며 노아 홍수 운운하는 대홍수론을 먼저 듣게 되면 그 선명성과 전투성에 쉽게 매료된다. 그리고 한번 거기에 빠지게 되면 아무리 많은 바른 증거를 제시해도 성령의 특별한 도움이 없이는 왜곡된 생각을 교정하기가 매우 어렵게 된다.

게다가 젊은 지구론이나 대홍수론을 주장하다가 "고난"이라도 당하게 되면, 그리고 그 "고난"을 진리로 인한, 하나님 말씀으로 인한 고난으로 착각하기 시작하면 그 수렁에서 구해낼 방법이 없다. 이는 마치 이단에 빠지는 것과 흡사하다. 정상적인 사고를 하는 사람이라면 말도 안 되는 이단적 주장이라도 일단 이들의 술수에 빠지게 되면 쉽게 헤어 나오지 못하는 것과 같다.

지구의 연대를 46억 년이 아니라 30억 년이라고 주장하는 사람은 토론과 설득이 가능하다. 여러 가지 분명한 논리와 증거를 제시하면 되기 때문이다. 하지만 지구 연대를 6,000년이라고 주장하는 사람은 성령께서 특별히 강권적으로 역사하지 않으면 설득할 수 없다. 우주

연대도 마찬가지다. 우주의 연대를 100억 년 혹은 200억 년이라고 주장하는 사람은 왜 현대 천문학에서 우주의 연대를 138억 년이라고 결론 내렸는지를 설득할 수 있다. 하지만 1만 년 이내라고 주장하는 사람은 설득할 수 없다. 일단 사람들이 중독성이 강한 젊은 지구론이나 대홍수론에 빠지게 되면 다른 입장의 문헌을 읽지 않고, 읽더라도 편견을 품고 읽기 때문에 진리에 이르지 못한다.

그렇다고 필자가 창조과학 그랜드 캐니언 탐사를 가지 말라는 말은 아니다. 경제적 여유도 있고, 학생이나 유관한 분야에서 일하는 분이 아니라면 그곳에 가서 터무니없는 얘기를 들어도 큰 문제가 되지 않는다. 탐사 설명은 터무니없지만 가서 바람도 쐬고, 사람들과 교제도 하고, 쉬기도 하고 괜찮을지 모른다. 게다가 그랜드 캐니언이나 그 주변 경치가 얼마나 웅장하고 독특하며 아름다운가! 하지만 다녀와서 다른 사람들에게, 특히 공부하는 자녀들에게는 창조과학적 주장을 전하지 말아야 한다. 목회자들이나 신학자들은 설교나 강의에서 언급하지 않는 것을 권한다. 그리스도인 지질학자를 포함해 대부분 지질학자은, 심지어 대부분 구약학자도 창조과학 가이드의 해석을 받아들이지 않기 때문이다.

필자 역시 그랜드 캐니언을 여러 차례 답사했고, 그중 한번은 대홍수론을 지지하는 미국 창조과학연구소(Institute for Creation Research) 탐사팀과 더불어 그랜드 캐니언 바닥에 있는 콜로라도강까지 내려가서 미드 호수까지 래프팅하며 탐사하기도 하였다. 함께 갔던 창조과학자들은 그랜드 캐니언의 형성에 관해 일반 지질학자들은 물론 복음주의 진영의 지질학자들조차 터무니없다고 말하는 주장을 하지만 그래도 함께 여행하면서 서로 교제하고 토론하는 것이 좋았다. 6,000년 지구/우주 연대를 받아들이지 않는 사람은 성경을 믿지 않는 자, 진화론자, 진리의 타협자라고 거짓된 말로 매도하지 않는 한 서로 그리스도 안에서 형제로서 교제할 수 있다.

▌ 그림 3 / 댈러스에 있는 창조과학연구소(ICR). ICR 그랜드 캐니언 탐사에서 모리스(John D. Morris, 1946~)와 함께(ⓒPY)

단일격변설이라고도 불리는 대홍수론, 홍수지질학, 노아 홍수론은 지구/우주가 6,000년 되었다는 젊은 지구론과 마찬가지로 적어도 학문적 차원에서는 더 이상 다룰 가치가 없는 주장이다. 대부분 그리스 도인 지질학자를 포함해 주류 지질학자는 아무도 이 이론을 진지하게 연구하지 않는다. 이것은 노아 홍수를 부정한다는 말이 아니다. 성경을 하나님의 말씀으로 받아들이는 사람이라면 노아 홍수를 통한 하나님의 심판을 의심하지 않는다. 하지만 1년 미만 지속된 일회적인 대홍수로 인해 고생대로부터 신생대에 이르는 모든 지층이 형성되었다는 대홍수론과 그때 그랜드 캐니언을 포함해 대부분 지층과 화석이 만들어졌다는 주장은 성경 어디에서도 찾아볼 수 없는 일종의 이데올로기이다. 잘못된 이데올로기로 인한 고난을 진리로 인한 고난이라고 착각하면 안 된다!

아전인수격 문헌 사용

🌵　젊은 지구론자들이나 대홍수론자들은 원저자의 의도와는 무관하게, 때로는 원저자의 의도와는 상반되게 문헌을 인용하는 경우가 많다. 그 대표적 예가 앞에서 소개한 이재만 선교사의 글이다. 이 선교사는 그랜드 캐니언이 노아 홍수로 생겼다는 증거로 쉐퍼드 (R.G. Shepherd)의 〈Science〉 논문을 인용했다. 하지만 그 논문은 미리 손으로 파둔 사행수로에 물을 흐르게 했을 때 어떻게 침식이 일어나는지를 보여주는 논문일 뿐이며, 그랜드 캐니언에 대한 대홍수론 모델과는 무관하다.

　일반적으로 창조과학자 중에는 창조론과 관련된 연구결과를 유명 학술지에 논문을 게재하는 경우는 거의 없다. 그래서 이들은 자신의 의견과 다른 사람들, 심지어 진화론자들의 문헌을 왜곡하거나 문맥에 맞지 않게 인용하는 경우가 많다. 이것은 이미 많은 학자가 여러 차례 지적했으며, 창조과학의 아버지라고 하는 모리스(Henry M. Morris, 1918~2006)를 비롯한 많은 창조과학자가 글에서부터 나타나는 현상이다![2]

---

2 구글 검색창에 "misquoted by creationists"를 입력, 검색해 보라.

3 부록

대홍수론자들의

빙하기

해석의 문제

대홍수론자들은 지구 역사에서 몇 차례 있었던 빙하기에 대해서도 전문학자들의 의견과는 전혀 다른 주장을 하고 있다. 그들은 빙하기 역시 노아 홍수로 인해 생긴 것이며, 노아 홍수가 한 차례였던 것처럼 빙하기도 한 번이었으며, 홍적세 말기가 아니라 불과 4,400년 전에 일어났고, 빙하기의 지속 기간도 불과 몇 달 혹은 몇 년이었다고 주장한다. 이 주장이 갖는 문제점은 무엇일까?

　　대홍수론자들의 주장에 대해 빙하기 전문학자들은 반박할 가치가 없으므로 별다른 대응을 하지 않고 있다. 하지만 한국교계의 많은 사람이 이 주장을 마치 전문학자들이 지지하는 정설인 것처럼, 과학과 성경이 이를 지지하는 것처럼 오해하고 있기에 대홍수론자들의 빙하기 해석의 문제점을 간단히 살펴본다.

물리학적 상식과 충돌한다

첫째, 대홍수론의 빙하기 이론은 물리학의 상식에 어긋난다. 대홍수론자들은 노아 홍수 동안 엄청난 에너지가 방출되었고(이 에너지가 어디서 왔는지도 의문인데) 이로 인해 많은 물이 대양으로부터 증발해 대기 중으로 들어갔고, 이것이 극지방과 인근에서 많은 눈을 내리게 해서 빙하기를 일으켰다고 주장한다. 과연 이 주장이 타당할까?

어떤 시스템을 가열하면 뜨거워지는 것이 상식이다. 그러므로 노아 홍수 때 방출된 열이 엄청난 물을 증발시켰다면 증발되는 순간에는 기화열을 뺏기게 되므로 지구가 추워졌다고 할 수 있다. 하지만 곧이어 기화된 수증기가 다시 땅에 쏟아졌다면 빼앗긴 기화열은 다시 대기 중으로 방출된다. 그러므로 하늘에서 눈이 오는 것이 아니라 따뜻한 비가 내려야 한다.

대홍수론자들은 물이 증발함으로 추워진다고 생각하지만, 이는 증발할 때 흡수했던 열을 그 물이 다시 응결될 때 방출된다는 단순한 사실을 무시했기 때문이다. 수증기가 물로 응결될 때는 흡수된 기화열이 방출되고, 얼었던 눈이나 얼음이 녹을 때는 흡수된 융해열이 방출되는 것은 물리학의 상식이다. 눈에 보이지는 않지만, 물질의 상(相, phase)이 변할 때는 잠열(潛熱, latent heat)이 흡수 혹은 방출된다.[1]

젊은 지구론도 설명할 수 없다

둘째, 빙하기는 대홍수론자들이 주장하는 젊은 지구론의 시간표로는 도무지 설명할 수 없다. 대홍수론자들은 노아 홍수 후기나

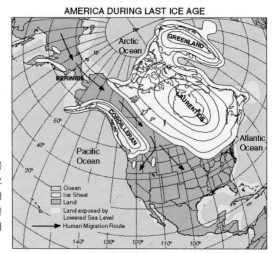

AMERICA DURING LAST ICE AGE

▮ 그림 1 / 빙하가 가장 많이 북미주를 덮었던 당시 북미주 주요 빙상(코디예란, 로렌타이드)과 해안선의 모습. 베링해협이 얼어붙으면서 아시아에서 걸어서 북미주로 올 수 있었다[2]

---

1 잠열이란 어떤 물체가 온도의 변화 없이 상태가 변할 때 방출되거나 흡수되는 열을 말한다.
2 Dennis L. Hartmann, "Our Changing Climate," *Reports to the Nation on Our Changing Planet*
Number 4 (1996.12.17.) – https://atmos.washington.edu/~dennis/OCC_Final_961216.html

직후에 짧은 기간 동안 빙하기가 있었다고 주장한다. 하지만 곳곳에서 관측되는 대륙 규모의 빙하들이 형성되거나 움직이면서 지형을 바꾸거나 물러가기 위해서는 몇십 년 단위가 아니라 최소한 몇백 년 혹은 몇천 년 단위의 시간이 필요하다. 그림 1은 지난 최후의 빙하기 때 북미주를 덮었던 빙상의 분포와 모양을 보여주고 있다. 그림에서와 같이 빙하기 때 캐나다 전체를 덮을 정도의 큰 빙상이 북미주를 덮고 있었다면 이 정도 크기의 빙상이 물러가기 위해서는 몇 달 혹은 몇 년이 아니라 적어도 수백 배 더 긴 기간이 필요하다.

해수면의 변화는?

셋째, 빙하기를 전후한 해수면의 높이는 단기간의 변화가 아니다. 그림 2는 최후의 빙하기 때와 간빙기로 들어서면서 해수면이 어떻게 상승했는지를 연도별로 자세히 보여주고 있다. 그뿐만 아니라 빙하기에서 간빙기로 이행하는 과정에서 물 위에 드러나 있던 지역이 어떻게 점차 바닷속으로 잠기게 되었는지를 보여주고 있다. 현

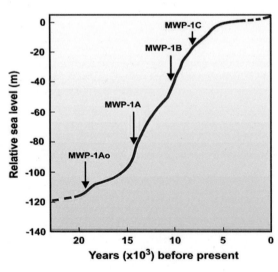

┃ 그림 2 / 빙하기 이후 해수면의 변화. MWP-1A0는 약 19,000년 전, MWP-1A는 약 14,600~13,500년 전, MWP-1B는 약 11,500~110,000년 전, MWP-1C는 약 8,200~7,600년 전에 일어난 융빙수 펄스(meltwater pulse, MWP)를 의미한다.[3]

재 해수면의 높이는 빙하기 때보다 약 130m 정도 더 높다. 데이터를 보면 지금부터 7,000년 전에 이미 현재와 같은 해수면의 높이에 이른 것을 볼 수 있다.

---

3 Vivien Gornitz, "Sea Level Rise, After the Ice Melted and Today," NASA 웹사이트(January 2007) – https://www.giss.nasa.gov/research/briefs/gornitz_09/

빙하 코어 연구는?

넷째, 대홍수론에서 말하는 빙하의 연대는 빙하 코어 연구와 정면으로 충돌한다. 빙하의 나이와 관련해서 가장 직접적인 증거는 그림 3에서 보여주는 것과 같은, 그린란드 빙하를 시추하여 얻은 빙하 코어(ice core) 시료에 대한 연구결과이다. 빙하 코어 시료는 유전을 개발할 때처럼 빙하를 시추하여 뽑아낸 수직 빙하 기둥이다. 이 시료에는 매년 하나씩 만들어지는 빙하 나이테(氷河 年輪) 혹은 빙선(氷

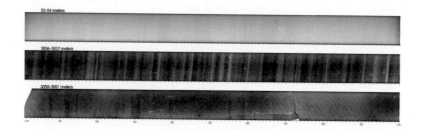

█ 그림 3 / 그린란드 빙상 프로젝트2 (Greenland Ice Sheet Project 2, GISP2). 여러 깊이에서 뽑아낸 빙하 코어 시료들. 선명한 나이테가 보인다.[4]

---

4 Holli Riebeek, "Frozen in Time: the Ice Core Record," NASA Earth Observatory 웹사이트(2005.12.19.) — https://earthobservatory.nasa.gov/Features/Paleoclimatology_IceCores/

線)이 16만 개 정도 관찰되는데 이는 직관적으로 16만 년 동안 얼음이 쌓였음을 의미한다. 다시 말해 빙하의 나이가 적어도 16만 년 이상 되었음을 보여준다.

그렇다면 대홍수론자들은 이를 어떻게 해석할까? 16만 년의 빙하 나이를 부정하고 지구가 6,000년 되었다는 주장에 맞추기 위해 대홍수론자들은 1년에 여러 개 나이테가 생길 수도 있다는 식의 억지 주장을 한다. 왜 1년에 여러 개의 나이테가 생기는지는 설명하지 못하면서…

1년에 여러 개의 나이테가 생긴다는 주장은 최근 빙하 나이테의 연구에 의해 간단히 부정된다. 즉 빙하 코어의 위쪽 4,000여 개, 다시 말해 인류의 역사기와 겹치는 기간의 나이테는 화산폭발 등의 역사적 사건의 기록과 일치한다. 만일 위쪽 4,000여 개의 나이테가 매년 하나씩 생긴 것이 분명하다면 나머지 156,000개의 나이테도 매년 하나씩 형성되었다고 보는 것이 자연스럽지 않을까? 그 많은 나이테가 불과 수천 년 동안에 형성되었다는 주장은 6,000년 지구 나이에 맞추기 위한 억지 해석이라고 할 수밖에 없다.

지각평형설 연구는?

다섯째, 대홍수론자들의 빙하기 이론은 지각평형설(地殼平衡說, isostasy) 연구와도 전혀 일치하지 않는다. 오늘날 두꺼운 빙하 아래에 있는 지표면은 빙하의 무게와 평형을 이루고 있는데 이는 지각평형설에서 예측한 바와 같다. 만일 대홍수론에서 얘기하는 것처럼 지

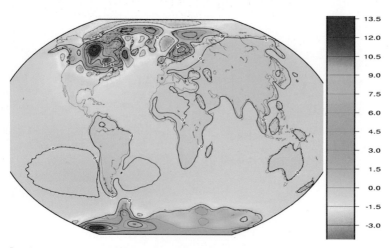

▌그림 4 / 빙하기 후 연간 수직 방향의 지각 반등과 침강(단위 mm)[5]

5 https://earthscience.stackexchange.com/questions/2530/how-much-would-the-greenland-landmass-isostatic-rebound-contribute-to-long-term

금부터 약 4,400여 년 전에 일어났다고 하는 노아 홍수를 전후해 불과 몇 달 혹은 수년 동안 그린란드나 남극에 3,000m 이상의 눈이 내렸다고 한다면 오늘날 우리가 관측하는 정도의 지각평형을 이루기 위해서는 적어도 12,000년 이상의 세월이 필요하다.

그림 3에서와 같이 현재 스칸디나비아와 캐나다에는 10,000여 년 전에 끝난 최후 빙하기 때의 두꺼운 빙하가 사라졌지만, 빙하가 누르고 있던 지역의 지각이 평형을 이루기 위해 계속 솟아오르고 있는 것이 관측되고 있다. 아마 앞으로도 몇 천 년은 더 솟아올라야 완전한 지각평형을 이룰 것으로 보인다.

그림 4는 실제로 캐나다 북부 지역과 스칸디나비아에서 빙하가 물러감으로 인해 반등하는 지각의 분포를 보여주고 있다. 그림에서 푸른색 혹은 자주색으로 표시한 지역은 빙상(氷床)이 사라짐으로 인해 지표면이 솟아오르고 있는 지역이며, 노란색 혹은 빨간색으로 표시한 지역은 솟아오르는 지역으로 맨틀 물질이 이동함으로 인해 가라앉고 있는 지역이다. 현재 지표면이 솟아오르고 있는 것이나 가라앉고 있는 것은 주류 지질학에서 말하는 빙하기 모델과 일치하며, 대홍수론의 빙하기 모델과는 전혀 맞지 않는다.

빙하기가 한 번뿐이었다고?

빙하기와 관련된 대홍수론자들의 주장 중에서도 가장 기가 막힌 주장은 지구역사에서 빙하기는 아예 없었으며, 4,400여 년 전에 일어난 노아 홍수 때 잠시 일어났을 뿐이라는 주장이다. 말할 필요도 없이 이는 6,000년 지구연대에 맞추기 위한 억지 주장이다. 이들의 주장과는 달리 지구역사에는 빙하기가 여러 차례 있었음을 보여주는 분명한 증거가 많다. 지난 200만 년 동안, 즉 홍적세 기간 여러 차례 빙하기가 반복되었음을 보여주는 지질학적 증거가 많은데 그중 몇 가지만 예를 들어보자.

유공충의 변화

첫째, 유공충(foraminifera)의 변화다. 유공충의 종류는 바다 온도에 따라 변한다. 이들이 시대에 따라 어떻게 변했는지는 심해 해저에 쌓인 퇴적물 속에서 찾아볼 수 있다. 그림 5는 시신세 유공충의 화석을 보여주고 있다. 연구 결과에 의하면 유공충의 화석은 여러 차례 장기간에 걸쳐 변화했음을 보여준다.[1] 시대에 따른 유공충의 변화는 바닷물 온도가 변했음을 보여주며, 이는 상당한 기간의 빙하기가 아니면 다른 방법으로 설명할 수 없다.

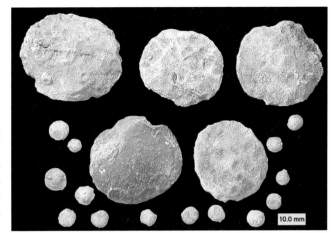

그림 5 / 아랍에미리트(United Arab Emirates) 시신세(始新世, Eocene)에서 발견된 화석 유공충들. 시대에 따라 변화하는 유공충은 해수온도의 변화를 보여준다는 점에서 지구 역사를 연구하는 데 중요한 자료가 된다.[7]

산소 동위 원소 비율 변화

둘째, 산소 동위 원소 비율의 변화다. 빙하기가 되면 많은 물이 빙하로 변하는데 이때 산소 동위 원소 비율(O-18/O-16)이 달라진다.[8] 이는 무거운 O-18에 비해 가벼운 O-16이 더 쉽게 증발하면서 두 동위 원소의 비율이 달라지기 때문이다. 이 두 동위 원소의 비율이 해저에

---

6 Strahler, *Science and Earth History*, p.252.

7 "Nummulitid foraminiferans from the Eocene near Al Ain, United Arab Emirates" in https://commons.wikimedia.org/wiki/File:Nummulitids.jpg. 시신세는 신생대 제3기(Tertiary period)에 위치한 지질시대로서 약 5,500만 년 전부터 약 3,800만 년 전까지에 해당하는 시기다.

8 동위 원소(同位元素, isotope)란 원자 번호가 같지만 원자량(원자질량)이 다른 원소를 말한다. 즉 핵 내의 양성자와 핵 주위를 도는 전자의 숫자는 갖지만, 핵 내의 중성자의 숫자가 다른 원소를 가진다. 예를 들면 탄소연대측정법에 사용되는 C-14는 C-12와 동일한 양성자와 전자의 숫자를 갖지만 중성자는 두 개 더 많다.

퇴적된 탄산염 껍질(carbonate shell) 속에 기록되어 있는데 그림 6은 실제로 여러 차례 변한 것을 보여주고 있다. 다른 방법으로 측정한 빙하기의 주기와 산소 동위 원소의 변화는 일치한다.

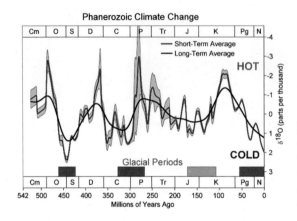

그림 6 / 지난 5억 년 동안 산소 동위 원소 O-18의 변화. 이는 곧 지구 온도 변화와 동일하다.[9]라 변화하는 유공충은 해수온도의 변화를 보여준다는 점에서 지구 역사를 연구하는 데 중요한 자료가 된다.[9]

지형적인 증거

셋째, 분명한 지형적 증거다. 빙하기가 여러 차례였다는 것은 지형적 증거를 통해서도 분명하게 확인할 수 있다. 하와이 제도 빅아일랜드의 최고봉인 해발 4,200m의 마우나 키아(Mauna Kea) 정상 부근에는 그림 7과 같이 빙하로 인해 형성된 지층이 남아있다. 이 지층을 보면 마우나 키아는 적어도 네 차례의 독립된 빙하작용(glaciation)을 받았음을 보여준다. 빙하로 형성된 지층과 지층 사이에 용암이 흘러내렸기 때문에 이 네 차례의 빙하작용은 명백히 서로 다른 시기에 일어난 것이다.[10]

┃ 그림 7 / 하와이 빅아일랜드의 순상 화산(楯狀火山, shield volcano)인 마
우나 키아 화산과[11] 정상 부근의 빙하 흔적.[12] "m"으로 표시된 곳은 종점 빙
퇴석(氷堆石, terminal moraine), "w"로 표시된 곳은 빙력토(氷礫土, till)이다.[13]

9 https://ko.wikipedia.org/wiki/%EB%B9%99%ED%95%98%EA%B8%B0

10 Strahler, *Science and Earth History*, p.255.

11 Vadim Kurland — originally posted to Flickr as IMG_2673.JPG, CC BY 2.0, https://commons.wikimedia.org/w/index.php?curid=10580597

12 USGS — http://hvo.wr.usgs.gov/volcanowatch/2007/images/mkea_ glaciation.jpg, Public Domain, https://commons.wikimedia.org/w/index. php?curid=16043977

13 "Mouna Kea," https://en.wikipedia.org/wiki/Mauna_Kea

그림 8에서 보여주는 것처럼 지구 역사에서 수많은 크고 작은 빙하기가 있었음은 의심할 나위가 없다. 스위스 태생의 미국 생물학자이자 지질학자였던 애거시즈(Jean Louis Rodolphe Agassiz, 1807~1873)가 처음 빙하기 개념을 제창한 것은 불과 200년도 채 되지 않았지만, 이제는 지구 역사에서 여러 차례 빙하기가 있었다는 사실을 부인하는 지질학자는 없다.[16]

---

14 Jean Louis Rodolphe Agassiz, 《빙하에 대한 연구》(*Étude sur les glaciers*) (1840)

15 https://ko.wikipedia.org/wiki/%EB%B9%99%ED%95%98%EA%B8%B0

16 https://ko.wikipedia.org/wiki/%EB%B9%99%ED%95%98%EA%B8%B0

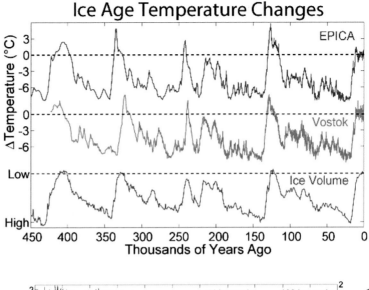

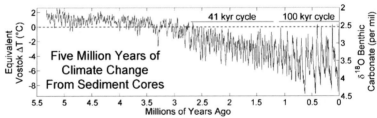

┃ 그림 8 / 지난 5백만 년 동안 지구의 온도 변화(위)와[15] 지난 45만 년 동안의 지구
온도 변화.[16] 두 그래프 모두 여러 차례의 빙하기와 간빙기를 보여주고 있다.

논의를 종합하면...

　　지금까지 우리는 6,000년의 젊은 지구론의 틀에 갇혀 빙하기는 없었고 노아 홍수 직전이나 직후 일시적으로 기온이 급감하고 과도하게 눈이 왔을 뿐이라는 대홍수론자들의 주장은 성경적으로나 과학적으로 근거가 없음을 살펴보았다. 많은 학자가 빙하기를 포함한 지구의 기후 변화를 지구궤도의 변화와 관련된 밀란코비치 주기(Milankovitch Cycle)로 설명한다." 하지만 빙하기가 왜 도래하게 되었는지는 아직 정확한 원인이 알려지지 않았다.

　　빙하기 연구는 창조-진화 논쟁과는 무관하게 지구의 역사를 연구하는 지사학자들에게는 매우 중요한 분야다. 많은 그리스도인 지질학자가 이 분야를 연구하고 있다. 지질학에서 홍적세 지질학이라는 거대한 분야도 상당 부분은 빙하기에 대한 연구다. 많은 학자가 연구하고 있지만, 여전히 빙하기에 대해서는 알려지지 않은 내용이 많다. 하지만 그동안의 연구를 통해 빙하기 연구에서도 논쟁의 여지가 없는 결론이 몇 가지가 있다.

　　우선 빙하기가 여러 차례 있었다는 사실이다. 빙하기가 도래한 원인에 대해서는 여전히 학자들의 연구과제이지만, 빙하기가 여러 차례 있었다는 것은 모든 빙하학자의 공통된 결론이다. 마지막 빙하기의 흔적과 시기, 빙하기의 규모와 범위, 빙하기가 한 차례 이상 있었다는 사실 등은 빙하기 학자들에게 더 이상 논쟁거리가 아니다. 이런 이슈에 대해서는 그만큼 분명한 증거가 많다는 의미다. 빙하기에 관해 좀 더 알기를 원하는 사람은 필자의 《다중격변 창조론》을 참조하기 바란다.[18]

빙하기는 없었으며 다만 노아 홍수를 전후해 일시적으로 지구의 기온이 내려갔다는 주장은 그리스도인 지질학자들은 물론 모든 빙하기 전문가의 고려의 대상이 아니다. 빙하기가 노아 홍수의 결과라는 주장은 오직 젊은 지구론을 고집하는 창조과학자들(젊은 지구론자, 대홍수론자들)만의 주장일 뿐이다. 그리고 필자가 아는 한 그런 주장을 하는 창조과학자 중에는 정상적인 학술활동을 하는 빙하기 전문가가 없다!

17 Don Lindsay, "Astronomical cycles," from http://www.don-lindsay-archive.org/creation/astro_cycles.html (1997).
18 양승훈, 《다중격변 창조론》(SFC, 2011) 제7강 "다중격변과 빙하기 논쟁"(249~285면)

　　2016년 2월부터 작업을 시작한 책인데 이제야 원고를 마쳤으니 원고를 쓰는 데 근 2년이 걸린 셈입니다. 원고지로 750매가 채되지 않는 분량이라 집필 기간에 비해서는 별로 두꺼운 책이 아닙니다. 하지만 책의 특성상 그림과 도표, 각주가 많아서 편집을 하고 나니 색인을 포함하여 320면에 이르는 책이 되고 말았습니다. 그렇다고 큰 책은 아니지만, 책을 쓰기 위해 여행한 거리를 헤아려보니(항공여행을 포함해서) 대충 지구 한 바퀴 반 정도 되는 것 같습니다. 한 권의 책을 쓰기 위한 여행으로는 가장 많은 여행을 한 것이지요.

　　일반적으로 오랫동안 쓰던 책 원고를 마치게 되면 시원한 느낌이 듭니다. 날아갈 것 같지요. 특히 본서와 같이 많은 심적 부담이 있었던 책을 마치게 되면 저자는 잠시나마 해방감을 느낍니다. 그래서 어떤 사람은 책 쓰는 것을 해산의 수고에 비유하기도 하지요.

　　그런데 다른 책과는 달리 이번 책 원고를 마치면서는 큰 짐을 내려놨다는 시원함도 있지만, 좀 씁쓸하고 한심하다는 느낌도 함께 들었습니다. 작년에 출간한 《창조연대 논쟁》을 마쳤을 때도 비슷한 느낌이 들었는데 이번에도 그런 생각이 들었습니다.

　　사실 그랜드 캐니언이 노아 홍수 때 만들어졌다는 주장이나 지구나 우주 연대가 6,000년이라는 주장은 학문적으로 반박할 가치가 전혀 없는 주장입니다. 둘 다 전문 학계에서는 오래 전에 틀렸다는 것이 확실하게 증명되었기 때문에 더 이상 논의도 하지 않습니다. 그럼에도 이 책을 위해 2년 가까운 세월을 보낸 것은 하나님의 창조에 대한 더 올바른 정보를 제공해야 한다는 소명과 책임 때문입니다. 또한 이후 하나님 앞에 섰을 때 "한국 교회가 젊은 지구론을 중심으로 한 반지성주의 광풍에 휩싸여 있을 때 학자로 부름받은 너는 도대체 뭘 했느냐?"라는 책망을 받을 것 같다는 거룩한 부담감 때문일 것입니다.

그랜드 캐니언을 방문할 기회가 있는 분들은 이 책을 읽고 가시면 광활한 그랜드 캐니언의 장관을 더 풍성하게 관찰할 수 있을 것이며, 그랜드 캐니언에 대한 대홍수론적 해석의 문제가 무엇인지, 더 나아가 하나님의 지구경영을 이해하는 데 도움이 되리라 생각됩니다. 또한, 제가 왜 그랜드 캐니언에 대한 해석의 문제를 심각하게 생각하는지도 이해할 수 있을 겁니다. 특히 창조과학 탐사라는 이름으로 그랜드 캐니언을 가는 분들은 가기 전에 이 책을 꼭 한 번 읽어보시기를 부탁드립니다. 일단 창조과학 탐사를 다녀오게 되면 대부분의 사람들이 그랜드 캐니언에 대한 전문 학자들의 주장에 대해 지적인 문을 닫아버리는 경우가 많기 때문에 가기 전에 읽는 것이 중요합니다.

혹 소속 교회나 단체에서 노아 홍수나 그랜드 캐니언, 젊은 지구론등과 관련된 강연이 있다고 하면 본인은 물론 함께 참석하는 분들과 자녀들에게 미리 이 책을 읽게 해주시면 좋겠습니다. 그래야 그 아이들이 후에 대학에 가서 유관한 공부를 할 때 심각한 신앙적 갈등을 겪지 않을 것입니다.

이 작은 책자가 근래 한국 교회를 휩쓰는 반지성주의의 광풍을 거스르는 작은 버팀목이라도 되었으면 하는 소박한 기대를 품고 원고를 출판사에 넘깁니다.

|내용 색인|

AiG (Answers in Genesis) 193, 195, 196

NASA 지구관측국 (Earth Observatory) 178

가배수 터널들 (假排水 -, diversion tunnels) 185, 186

간석지 (干潟地, tidal flat) 237, 239

감입곡류하천 (嵌入曲流河川, incised meander) 68, 256

거대 물결자국 (giant ripple mark) 115

거대 포트홀 (giant pothole) 122, 124

거대 표석 (- 漂石, giant boulder) 120, 121

격변적 판구조론 (Catastrophic Plate Tectonics) 191, 193, 194, 196, 268

경사부정합 (傾斜不整合, clinounconformity) 43, 86

고령석 (高嶺石, kaolinite) 203

고사리형 수로 (fern-like channel) 129, 145, 152, 164, 165

고생대 층상암 (Layered Paleozoic Rock) 35, 36, 37

고생대 (古生代, Paleozoic Era) 30, 33, 37, 39, 40, 47, 55, 80, 82, 84, 87, 93, 105, 157, 234, 274

곡류 수로 (曲流 水路, sinuous channel) 204

공격사면 (攻擊斜面, undercut slope) 67, 68, 69

공룡공원층 (Dinosaur Park Formation) 140

공룡주립공원 (Dinosaur Provincial Park) 17, 118, 137, 138, 139, 140, 141, 149

관입(貫入, intrusion) 85, 86, 105

관입암(貫入岩, intrusive rock) 86

구스넥스 전망대(Goosenecks Point) 16, 74, 78

구스넥스 주립공원(Goosenecks State Park) 72, 74, 205, 252, 256, 258

구하도(舊河道, old river channel) 68

규암(硅岩, Quartzite) 124

그랜드 스테어케이스(Grand Staircase) 30, 31, 122

그랜드 캐니언 누층군(Grand Canyon Supergroup) 35, 36, 37, 46, 237

그랜드 캐니언 라지(Grand Canyon Lodge) 246, 247

그랜드 캐니언 방문자 센터(Grand Canyon Visitor Center) 229, 230, 236

그랜드 캐니언 빌리지(Grand Canyon Village) 229, 234

그랜드 캐니언, 오래 된 지구의 기념비 108

그랜드 캐니언 협회(Grand Canyon Association) 34

그린강(Green River) 64, 71, 74

극피동물(棘皮動物, echinoderm) 50

근본주의 신학(Christian fundamentalism) 261, 263, 266

글렌 캐니언 댐(Glen Canyon Dam) 185, 186, 187, 189, 199, 251, 253

글렌 캐니언(Glen Canyon) 69, 70, 71, 185, 186, 187, 189, 199, 251, 253

기반암(basement rock layer) 35, 36, 39, 40, 43, 44, 60, 78, 80, 105, 160

나바호 다리(Navajo Bridge) 242, 243, 244

나바호 부족(Navajo Nation) 32, 242, 243

나바호 사암(Navajo Sandstone) 71, 251

나바호 전망대(Navajo Point) 238

난정합(難整合, nonconformity) 86

남극 고원(Antarctic Plateau) 101

남쪽림(South Rim) 40, 53, 68, 78, 80, 81, 83, 99, 116, 225, 229, 232, 234, 236, 242, 246, 253, 256

남쪽림 트레일(South Rim Trail) 229

내부 계곡(Inner Gorge) 36

내셔날 캐니언(National Canyon) 155, 156

다이아몬드 크릭(Diamond Creek) 39, 40, 244, 253

다이아몬드 크릭 비치(Diamond Creek Beach) 244

다중격변설(Multiple Catastrophic Theory) 56, 90

단일격변설(Single Catastrophic Theory) 14, 56, 100, 273

단층(斷層, fault) 60, 87, 105

대부정합(The Great Unconformity) 39, 40, 80, 85, 234, 253, 254

데저트 뷰 드라이브(Desert View Dr.) 238

데저트 뷰 전망대(Desert View Watchtower) 236, 238

데칸 고원(Deccan Plateau) 101

독스층(Dox Formation) 44

동아프리카 지구대(地溝帶, East Africa Great Rift Valley) 16

동위 원소(同位元素, isotope) 291, 292, 293

동일과정설(同一過程說, uniformitarianism) 87

동쪽림(East Rim) 44, 229, 236, 242

뜨개질형 하천 시스템(braided river system) 126

라도아래 게이트(Ladoare Gate) 169

라라미드 조산운동(-造山運動, Laramide Orogeny) 49, 50, 51, 245

레드디어강(Red Deer River) 139

레드월 석회암(Redwall Limestone) 34, 47, 98

레드월 층(Redwall Formation) 88

로어링 스프링(Roaring Spring) 246

로워 폭포(Lower Falls) 124, 125

로키산맥(Rocky Mountains) 49, 51, 52, 105, 122, 125, 245

리스 페리(Lee's Ferry) 16, 244, 245, 246

리틀 콜로라도강(Little Colorado River) 64, 150, 155, 156, 238, 239

리틀 콜로라도강 계곡 전망대(Little Colorado River Gorge Overlook) 238

마더 전망대(Mather Point) 229, 230, 232, 234

마리코파 전망대(Maricopa Point) 235

마우나 키아(Mauna Kea) 292, 293

말굽벤드(Horseshoe Bend) 70, 71, 242

망상하천 시스템(網狀河川 -, anastamosing river system) 126, 127, 129, 170, 171, 177

망상하천(網狀河川, anastamosing river) 92, 118, 128, 145, 146, 147, 149

메사(mesa) 131, 132

멕시칸햇(Mexican Hat, UT) 252, 256

모뉴먼트 계곡(Monument Valley) 131, 132, 252, 253

모래 파도(sand wave) 97

모래언덕(砂丘, aeolian sand dune) 71, 93, 94, 97, 98

모란 전망대(Moran Point) 36, 238

모엔코피 지층(Moenkopi Formation) 74

모의 암반(simulated bedrock) 203, 204

모하비 전망대(Mohave Point) 235

모학 크릭(캐니언)(Mohawk Creek(Canyon)) 155, 156

몬순(monsoon) 251

무아브 석회암(Muav Limestone) 34, 47, 88

미국기독과학자협회(American Scientific Affiliation) 108

미드 호수(Lake Mead) 89, 272

미사질 점토(微砂質 粘土, silt clay) 203

미아석(迷兒石, erratic boulder) 120

미졸라 빙하 홍수(Missoula Glacial Flood) 115, 116, 122, 124, 126, 127, 129, 157, 174

밀란코비치 주기(Milankovitch Cycle) 296

바이오로고스(BioLogos) 108

반지성주의(反知性主義 anti-intellectualism) 21, 23, 137, 263, 299, 300

방사성 연대(放射性年代) 54

방사성 연대 측정법(放射性年代測定法, radioactive dating) 41, 54

방어사면(防禦斜面) 67

배드랜드(badland) 악지(惡地), 침식불모지 139, 140

배링거 운석공(Meteor Crater National Landmark) 254, 255

배스 석회암(Bass Limestone) 43

배스층(Bass Formation) 43, 44

밴프 국립공원(Banff National Park) 122, 125

버밀리온 절벽(Vermillion Cliffs National Monument) 245, 246

버진강(Virgin River) 147

변성암(變成巖, metamorphic rock) 36, 37, 85, 86, 160

부정합(不整合, unconformity) 47, 83, 85, 86

북쪽림 방문자 안내소(North Rim Visitor Center) 245

북쪽림(North Rim) 16, 34, 40, 53, 78, 80, 81, 83, 99, 225, 232, 234, 235, 242, 245, 246

뷰트(butte) 131, 132, 252

브라이스 캐니언(Bryce Canyon) 229, 257

브라이트 엔젤 셰일(Bright Angel Shale) 34

브라이트 엔젤 전망대(Bright Angel Point) 246, 247

브라이트 엔젤 크릭(Bright Angel Creek) 234, 247

브라이트 엔젤 캐니언(Bright Angel Canyon) 44, 233, 235

브라이트 엔젤 트레일(Bright Angel Trail) 235

브라질 고원(Brazilian Plateau) 102

비슈누 기반암(Vishnu Basement Rock) 35, 36, 39, 40, 43, 44, 47

비슈누 층군(Vishnu Group) 85

비슈누 편암(Vishnu Schist, - 片巖) 36, 39, 78, 160

비정질쇄설암(非晶質碎屑岩, hyaloclastite) 237

빙력토(氷礫土, till) 293

빙퇴석(氷堆石, moraine) 293

빙하 나이테(氷河 年輪), 빙선(氷線) 286, 287

빙하 코어(ice core) 286, 288

빙하기(ice age) 52, 126, 146, 279, 281, 282, 283, 284, 288, 289, 290, 291, 292, 294, 296, 297

빙하작용(glaciation) 53, 132, 292

사교부정합(斜交不整合) 86

사구(砂丘, dune) 93, 94

사우스 엔트런스 로드(South Entrance Road) 234

사우스 카이바브 트레일(South Kaibab Trail) 236

사우스 카이바브 트레일헤드(South Kaibab Trailhead) 236

사층리(斜層理, cross-bedding) 93, 94, 95, 98, 247

사행 패턴(meandering pattern) 64, 65, 68, 74, 77

사행천(蛇行川, meander) 62, 65, 67, 68, 69, 205, 253, 256

산소 동위 원소 비율(oxygen isotope ratio) 291

산후안강(San Juan River) 64, 73, 74, 205, 253, 256

삼각주(delta), 델타 131, 132, 237

삼차원 지형(3D topography) 231

상(相, phase) 281

샌프란시스코봉(San Fransico Peak) 246

서쪽림(West Rim) 229, 234, 235, 236, 242

선캄브리아 누층군(Precambrian Supergroup) 37

선캄브리아기(Precambrian Era) 37, 39, 47, 78, 84, 234

설퍼 크릭(Sulphur Creek) 74, 77

섭입(subduction) 51

세계교회협의회(World Council of Churches) 264

세븐 원더스 창조과학 박물관(7 Wonders Creation Museum) 158

세인트 헬렌즈 화산 창조과학 센터(Mount St. Helens Creation Center) 157

세인트 헬렌즈 화산(Mount St. Helens) 157, 158, 159, 160, 161, 162, 163, 164, 166, 167, 178

셰일(shale) 44, 99

수로 형성 모델(channel formation model) 77, 92, 135, 166, 178

수로화된 용암암반지형(Channeled Scablands) 128

수성층(水成層, aquatic deposit) 97, 99

수증기층 이론(Vapor Canopy Theory) 191, 193, 194, 195, 196, 267

수파이 층군(Supai Group) 34, 37, 47, 88, 98

수판이론(水板理論, Hydroplate Theory) 267, 268

순상 화산(楯狀火山, shield volcano) 293

스트로마톨라이트(stromatolite) 43

스피릿 호수(Spirit Lake) 158, 160, 161, 163

시신세(始新世, Eocene) 290, 291

신생대(新生代, Cenozoic era) 30, 55, 157, 270, 274

신 콜로라도강 187, 189, 190

실트(silt), 세사(細砂), 점토(clay) 97, 99

아라랏산(Mt. Ararat) 195, 196

아레스 발리스(Ares Vallis) 174

아루샤(Arusha) 167, 169

아타바스카 폭포(Athabasca Falls) 124, 125

악지(惡地, badland), 배드랜드, 침식불모지 139

애써톤 고원(Atherton Tableland) 101

액체 메탄 바다(Ligeia Mare) 175

앤털로프 캐니언(Antelope Canyon) 251, 252

야바파이 전망대(Yavapai Point) 230, 232, 233, 234

야바파이 지질학 박물관(Yavapai Geological Museum) 230, 233, 234

야키 전망대(Yaki Point) 236

에스칼란테강(Escalante River) 205

연흔(漣痕, ripple mark) 44

왈라파이 네이션(Hualapai Nation) 253

왈라파이 부족(Hualapai tribe) 32

왈라파이 부족 오피스(Hualapai Tribal Office) 254

요세미티 국립공원(Yosemite National Park) 199

우각호(牛角湖, oxbow lake) 67, 68, 69, 71

우아 전망대(Ooh Aah Point) 236

운석공(meteor crater) 254, 255

운카 충군(Unkar Group) 43, 44, 45

원생대(原生代, Proterozoic era) 30, 40, 87, 105

유공충(foraminifera) 290, 291, 293

유네스코 세계유산(UNESCO World Heritage Site) 140

유선형 잔류도(流線型殘留島, streamlined relic island) 23, 118, 119

육성충(陸成層, land deposit) 94, 98, 99, 100

융빙수(融氷水, glaciofluvial) 52, 284

응고롱고로 보호지역(Ngorongoro Conservation Area) 167

이암(泥岩, pelite) 44

자스퍼 국립공원(Japer National Park) 122, 125

자유곡류하천(自由曲流河川) 65, 67, 68

자이온 캐니언(Zion Canyon) 30

잠열(潛熱, latent heat)

저탁류(底濁流, turbidite, turbidity current) 163

젊은 지구론(Young Earth Creationism) 191, 210, 217, 219, 270, 271, 272, 273, 275, 282, 296, 299

점펍 캐니언(Jumpup Canyon) 153, 155

조로아스터 화강암(Zoroaster Granite) 85

조립질 퇴적물(粗粒質 堆積物, coarse-grained sediment) 120

족적화석(足跡化石, ichnolite) 96

존스톤 캐니언(Johnston Canyon) 124, 125

종점 빙퇴석(氷堆石, terminal moraine) 293

중생대(中生代, Mesozoic Era) 30, 51, 71, 84, 87, 96, 105, 140

지각평형설(地殼平衡說, isostasy), 지각평형 288, 289

지질주상도(geological column) 232, 244

지향사(地向斜, geosyncline) 60

차별침식(差別浸蝕, differential erosion) 51, 52, 78, 80, 81

창세기 대홍수(The Genesis Flood) 56

창조과학(Creation Science), 과학적 창조론 27, 146, 217, 220, 264, 272, 275

창조과학센터(Center for Scientific Creation) 268

창조과학연구소(Institute for Creation Research) 16, 272, 273

창조연대 논쟁(Controversies on Creation Date) 55, 298

추아 층군(Chuar Group) 45, 47, 237

충돌구조(impact structure) 254

충상단층(衝上斷層, overthrust) 60

측방절개(側方切開, lateral incision) 202

측방침식(側方浸蝕, lateral erosion) 67, 69, 202, 204, 205

침식면(浸蝕面, erosion surface) 49, 101, 105

침식작용(浸蝕作用, erosion) 60, 64, 77, 87, 102, 102, 103, 105, 172

카데나스 용암(Cardenas Lava) 237

카데나스 현무암(Cardenas Basalt) 32, 44, 237

카세이 발리스(Kasei Vallis) 174

카시니 탐사선(Cassini Probe) 175

카이바브 석회암(Kaibab Limestone) 49, 74

카이바브 층(Kaibab Formation) 34, 35, 50, 86, 88

칼리 간다키 계곡(Kali Gandaki Gorge) 32

칼빈대학(Calvin College) 98, 108

캐나다 대평원(Canadian Prairies) 139

캐나다 순상지(Canadian Shield) 139

캐니언랜즈 국립공원(Canyonlands National Park) 64

캘리포니아만(Gulf of California) 51, 52, 131, 132, 150

컬럼비아 계곡(Columbia Valley) 115, 119, 121, 124, 125, 145, 146, 164

컬럼비아 고원(Columbia Plateau) 101

컬럼비아강(Columbia River) 119, 126, 146

케이납 크릭(Kanab Creek) 89, 90, 151, 152, 153, 155

코만치 전망대(Comanche Point) 44

코코니노 사암(Coconino Sandstone) 34, 37, 48, 88, 93, 94, 95, 96, 97, 98, 99, 100, 247

코코니노층(Coconino Formation) 40

콜로라도 고원(Colorado Plateau) 29, 30, 49, 51, 64, 87, 101, 104, 105, 106, 132, 197, 250, 252, 257

타이탄(Titan) 175, 176

타클라마칸 사막(Taklamakan Desert) 102

탁상지(卓狀地, table land) 132

탄산염 껍질(carbonate shell) 292

탄산칼슘(calcium carbonate) 71

태초에(In the Beginning) 268

태피츠 사암(Tapeats Sandstone) 34, 39, 47, 80, 85, 86, 234

털사대학(University of Tulsa) 97

테일러스(Talus), 애추(崖錐) 197, 199, 200, 201

토로웹 층(Toroweap Formation) 34

퇴적사면(堆積斜面) 67, 69

퇴적암(堆積岩, sedimentary rock) 37, 68, 80, 85, 94, 122, 129, 146, 200

톤토 층군(Tonto Group) 47

투틀강(Toutle River) 158, 161, 162, 163, 164

트레일 뷰 전망대(Trail View Point) 234, 235

티벳 고원(Tibetan Plateau) 101, 102

파리아강(Paria River) 147

팬텀 랜치(Phantom Ranch) 232

페름기(Permian) 93

페이지(Page, AZ) 238, 242, 251, 252

편마암(片麻岩, gneiss) 37

펼쳐치는 우주론(Stretching Cosmology) 268

평행부정합(平行不整合, disconformity) 86

포웰 전망대(Powell Point) 235

포웰 호수(Lake Powell) 89, 186, 187, 190, 238, 251, 252, 253

포토하르 고원(Potohar Plateau) 101

포트홀(pothole), 돌개구멍 122, 123, 124, 125

표석(漂石, boulder) 52, 53, 120, 121, 122

표토(表土, regolith) 139

푸에블로 부족(Pueblo People) 32

풍성층(風成層, aeolian deposit) 37, 48, 93, 97, 99, 100, 247

프로스펙트 캐니언(Prospect Canyon) 155, 156

플래그스탭(Flagstaff) 254

피너클(pinnacle) 131, 132

하당거비다 고원(Hardangervidda Plateau) 101

하바수 크릭(Havasu Creek) 89

하바수파이 부족(Havasupai People) 32

하방절개(下方切開, vertical incision) 202

하방침식(下方浸蝕, downward(vertical) erosion) 41, 49, 51, 105, 202, 205

하부 앤털로프 캐니언(Lower Antelope Canyon) 251, 252

하적호(河跡湖, riverbed lake) 68

하중도(河中島, river island, river archipelago) 67

하카타이 셰일(Hakatai Shale) 44

해구(海溝, submarine trench) 60, 196, 268

해성층(海成層, marine deposit) 48, 97

해안평야(海岸平野, coastal plain) 49, 99

해침(海浸, transgression) 47, 93, 99

해퇴(海退, regression) 47, 93, 99

호피(Hopi) 원주민 33

허미츠 레스트(Hermit's Rest) 234, 235, 236

허미츠 레스트 전망대(Hermit's Rest Point) 235

허밋 로드(Hermit Road) 235

허밋 셰일(Hermit Shale) 47, 98

허밋 층(Hermit Formation) 34

허밋 트레일(Hermit Trail) 236

홍수지질학(Flood Geology) 56, 135, 137, 210, 273

홍적세(洪積世, Pleistocene) 55, 121, 279, 290, 296

화산쇄설물(火山碎屑物, pyroclastic deposit) 158, 160, 162, 163

화석나무 숲국립공원(Petrified Forest National Park) 255

화이트림 사암(White Rim Sandstone) 74

화성암(火成巖, igneous rock) 36

환태평양 조산대(Ring of Fire) 268

히말라야 산맥(Himalayan Range) 102

|인명 색인|

뉴베리(John Strong Newberry) 33

덮(Joel Duff) 108

데이빗슨(Gregg Davidson) 108

도밍게즈(Francisco Atanasio Dominguez) 33

도킨스(Richard Dawkins) 216

러셀(Bertrand Russell) 216

래니(Wayne Ranney) 108

모리스(Henry Madison Morris) 275

모리스(John D. Morris) 273

모쉬어(Stephen Moshier) 108

뮬러(R.A. Muller) 190

바움가드너(John Baumgardner) 191

박창성 185, 191, 197, 199, 209

벨렉(Peleg) 194, 195, 196

브라운(Walt Brown) 267, 268

비셔(Glen S. Visher) 97

빌링스(Josh Billings) 220

쉐퍼드(R.G. Shepherd) 202, 203, 204, 205, 206, 275

스토트(John Robert Walmsley Stott) 261

애거시즈(Jean Louis Rodolphe Agassiz) 294

엘리엇(David Elliott) 108

영(Davis A. Young) 98, 100

월게머트(Ken Wolgemuth) 108

이문원 12, 16

이재만 202, 205, 209, 270, 275

카데나스(Garcia Lopez de Cardenas) 32, 33, 44, 45, 237

키버(E.P. Kiver) 106

테일러(Paul Taylor) 158

토마스(Brian Thomas) 197

포웰(John Wesley Powell) 4, 89, 188, 190, 235

해리스(D.V. Harris) 106

헬블(Tim Helble) 108, 132

홈즈(Arthur F. Holmes) 217, 219

힐(Carol Ann Hill) 107, 137, 209, 225

사단법인 기독교세계관학술동역회
사역 소개

세계관 운동

삶과 학문의 모든 영역에서 예수 그리스도가 주인이심을 고백하고, 하나님의 말씀대로 생각하고 적용하며 살도록 돕기 위한 많은 연구 자료와 다양한 방식의 강의 패키지들을 준비하고 있습니다. 특히 삶의 각 영역에서 만날 수 있는 문제들에 대한 대안을 찾을 수 있도록 세계관 기초 훈련, 집중 훈련 및 다양한 강좌들을 비롯하여 기독 미디어 아카데미, 기독교 세계관 아카데미, 어린이 청소년 세계관 강좌 등 다양한 강의와 세미나가 준비되어 있습니다. 강의를 원하시는 교회나 단체는 기독교세계관학술동역회 사무국으로 연락해 주시면 친절히 안내해 드립니다.

기독교학문연구회

기독교학문연구회(KACS : Korea Association of Christian Studies)는 기독교적 학문 연구를 위한 학회로, 각 학문 분야별 신학과 학제간의 연구를 진행하여 신앙과 학문의 통합을 추구하고 있습니다. 연구 발표의 장으로 연 2회의 학술대회를 개최하고 있으며, 한국연구재단 등재학술지 〈신앙과 학문〉(1996년 창간)을 발행하고 있습니다.

월간 〈월드뷰〉

성경적 삶의 적용을 위해 정치, 경제, 사회, 문화, 교육 등 제반 영역에서 성경적 관점으로 조망하는 〈월드뷰〉는 세상바로보기 운동의 일환으로 매월 발간됩니다. 2013년부터 월드뷰는 이매거진 서비스를 제공하여 모바일로도 구독하실 수 있습니다.

기독미디어아카데미

기독미디어아카데미는 기독교 세계관으로 무장한 기독 언론인을 길러내기 위한 전문 교육 기관입니다. 급변하는 사회 속에서 갈수록 언론 본연의 기능을 잃어가는 반기독교적 미디어 환경 가운데 기독 언론인으로서의 정체성 확립을 위해 시작되었습니다.

VIEW 밴쿠버기독교세계관대학원

1999년 7월, 밴쿠버기독교세계관대학원(VIEW)은 캐나다 최고의 기독교대학인 Trinity Western University 대학의 신학대학원인 ACTS와 공동으로 기독교세계관 문학석사과정 (MACS-Worldview Studies)을 개설했습니다. 현재 캐나다 밴쿠버에 기독교세계관 문학 석사 과정, 디플로마(Diploma) 과정을 운영하고 있으며, 2006년부터는 다양한 연수 프로그램(교사 창조론, 지도자세계관 학교, 청소년 캠프 등)을 개최하고 있습니다.

CTC 기독교세계관 교육센터

CTC(Christian Thinking Center)는 가정과 교회와 학교에 기독교 세계관 교육 콘텐츠를 제공 함으로서 다음 세대 그리스도인들이 기독교 세계관으로 생각하고 살아가도록 돕는 것을 사명으로 하는 세계관교육기관입니다.

도서출판 CUP

바른 성경적 가치관 위에 실천적 삶을 살아가는 그리스도의 제자들을 세우며, 지성과 감 성과 영성이 전인적으로 조화된 균형잡힌 도서를 출간하여 그리스도인다운 삶과 생각과 문화를 확장시키는 나눔터의 출판을 꿈꾸고 있습니다.

(사)기독교세계관학술동역회

연락처_☎.02)754-8004

(08807) 서울특별시 관악구 과천대로939 르메이에르강남타운2, B107호

(남현동 1061-18)

E-mail_info@worldview.or.kr

Homepage_www.worldview.or.kr

도서출판 CUP

연락처_☎.02)745-7231

(14549) 서울특별시 중구 을지로148, 8층803호 (을지로3가, 드림오피스타운)

E-mail_cupmanse@gmail.com

Homepage_www.cupbooks.com